超级幽默术

任何场合都能成为焦点

木子 著

中国纺织出版社

内 容 提 要

现在的社会，人际交往越来越频繁，也越来越重要。口才的优劣已经能够决定一个人在生活和工作中的优胜劣汰，而幽默，作为口才中最重要的一环，也起着至关重要的作用。

本书通过通俗易懂及贴近生活的案例加上系统的理论分析，告知读者在生活、工作以及做人做事中如何利用幽默来决胜千里之外，告诉读者幽默有哪些技巧，如何掌握这些技巧。幽默说起来好像很简单，但真正能恰到好处地幽默却并不容易。本书通过对幽默全方位的探讨，希望给读者提供一个认识幽默、运用幽默、享受幽默的窗口。

图书在版编目（CIP）数据

超级幽默术：任何场合都能成为焦点 / 木子著. —北京：中国纺织出版社，2017. 5（2023.1 重印）
ISBN 978-7-5180-3305-8

Ⅰ.①超… Ⅱ.①木… Ⅲ.①幽默（美学）-口才学 Ⅳ.①H019

中国版本图书馆CIP数据核字（2017）第029568号

策划编辑：郝珊珊　　　　责任印制：储志伟

中国纺织出版社出版发行
地址：北京市朝阳区百子湾东里A407号楼　邮政编码：100124
销售电话：010—67004422　传真：010—87155801
http：//www.c-textilep.com
E-mail：faxing@c-textilep.com
中国纺织出版社天猫旗舰店
官方微博http：//weibo.com/2119887771
佳兴达印刷（天津）有限公司印刷　各地新华书店经销
2017年5月第1版　2023 年 1 月第 3 次印刷
开本：710 × 1000　1/16　印张：15
字数：172千字　定价：45.00 元

Preface
前　言

一位智者说：“智慧是幽默的父亲，乐观是幽默的母亲，幽默是智慧与乐观结合后生的儿子。”在现实生活中，人们承受的生存压力越来越大，虽然生活上富足了，奔上了小康，我们所能感受到的快乐却越来越少。当然，这并不是因为我们减少了对快乐的追求，而是当我们对快乐越来越渴求的时候，它却消失得不见踪影。

这个世界需要幽默，它会让我们活得更开心一些。幽默不仅仅能逗人笑，它所彰显出来的更是一种智慧。在一个人的身上会有许多的品质，比如善良、富有同情心、责任感等，幽默和这些品质一样，都是可贵的。

美国心理学家赫布·特鲁曾经说过：“幽默可以润滑人际关系，消除紧张，减轻人生压力，使生活更有乐趣。它把我们从个人的小天地里拉出来，使我们一见如故，寻得益友。它帮助我们摆脱窘迫和困境，增强信心，在人生的道路上知难而进。”可以说，幽默在人际交往中起着非常重要的作用。

幽默是日常生活中不可缺少的调味品，比如朋友们一块儿结伴去旅行，或者相邀聚会时，在旅途中的疲惫和长时间静坐相对无语时，一定会让人觉得沉闷难受，如果这时有人讲了一个笑话，一定能改变当时的气氛，增加很多乐趣。

无论在何种场合、何种时间，一个幽默的人必定比一个死板严肃的人受欢迎得多。即使是发生了令人尴尬的状况，也可以抹掉困窘，轻松处之。如果一时犯错，试着重新平复你的情绪，说个幽默的故事，气氛就会马上变得轻松起来。

善于幽默的人，必定语言轻松有趣、性情开朗乐观、为人比较温厚，这样的人也必定会拥有很多要好的朋友，拥有更丰富的人际交往圈子，这是那些性情孤僻的人所无法比拟的。

那么，应该怎样培养自己的幽默感以增加在人际交往中的砝码呢？

首先，要做一个乐观自信的人。

幽默的心理基础是乐观、自信、积极向上的心态。一个悲观颓废的人是没有心情幽默的。要培养自己抵抗挫折的能力，做事情不怕失败，即使失败也要看到事情积极的一面，而不是一味地怨天怨地。不要怕受人嘲笑，还要善于自嘲，这种自嘲实际上是建立在自信的基础之上的。

其次，注意锻炼自己的思维和表达能力。

幽默的谈吐具有反应迅速的特点，这就要求说话者思维敏捷、能言善辩。丰富的词汇有助于表达幽默的想法，如果词汇贫乏，语言的表现能力太差，那也无法达到幽默的效果。

最后，就是日常生活中不断地积累。

多读、多看、多听、多学，拥有的幽默资料多了，可以模仿、借鉴、参考的素材就多。试试在自己所处的情境下怎样套用别人的幽默话语，练习的次数多了，幽默就成了你自己所拥有的财富。

总之，幽默是一种优美、健全的品质，恰到好处的幽默更是智慧的体现，当你掌握了幽默这门人际交往的艺术时，你会发现与人沟通不再是一件困难的事情。

本书从生活、工作、情感等多方面讲解幽默的作用，通过对多个生活中出现的案例进行分析，教给读者如何将幽默运用到细微之处，让幽默成为一种习惯，成为你各种场合应对自如的资本。希望本书能够为广大读者带来帮助。

Contents
目 录

第三章 初次见面，幽默让气氛变得十分融洽

中篇 站上职场的舞台，幽默使你成为全场的焦点

第四章 玩转幽默，职场之中你就是达人

第五章 管理有技巧，幽默的领导才能赢得员工的真心

上篇

为你的世界，增添一抹幽默的光彩

★ 第一章　幽默的人，总在欢乐的海洋中遨游

★ 第二章　幽默并不简单，不懂技巧等于胡侃

★ 第三章　初次见面，幽默让气氛变得十分融洽

第一章 幽默的人，总在欢乐的海洋中遨游

幽默面对生活，生活总是充满快乐

人生在世，遇到纠葛与矛盾是在所难免的，关键是我们如何去面对和处理这些问题。愚者常常是剑拔弩张，让战火蔓延到各个角落；而智者往往坦然处之，展颜之间消宿怨。

现代社会节奏快，工作强度高，生活压力大，再加上各种利益的纠缠，矛盾和冲突日益增多。日常生活中，大小摩擦更是不断。怎样才能松弛紧张情绪，避免争执，让自己摆脱各种人际摩擦，这正是现代人急需考虑的。对那些善于运用幽默的人来说，这并非难事，轻松就可应对。

两辆汽车在狭窄的街道中相遇了，车子都被迫停了下来，可是两个司机谁也没打算给对方让道，形成对峙局面。这时其中一人拿出一本厚厚的小说读了起来，另一个人见此情景，伸出脑袋高声喊道：“喂，兄弟，你

看完后别忘记借我看看啊！”

此话一出，便逗得看书的司机哈哈大笑，竟然主动倒车让路。而另一个司机在车通过后主动和让路的司机交换了名片，以后还真向他借书看。原来两人的家离得也没多远，渐渐地两人就成了不错的朋友。

正是幽默的调侃缓和了矛盾，还让双方增加了亲切感，所以一方主动让步，而另一方也积极配合，消除了矛盾和困窘。

生活中，与陌生人发生冲突常常难免，假如我们自己能做得大度些，再多一点诙谐，敌对就有可能变成友谊。

人们经常会遇到一些难以解决的问题，若强行解决说不定会两败俱伤，若能用幽默的方法来解决，难题常常就会迎刃而解。

公交车上，一个醉汉大喊大叫地纠缠着一个十几岁的小姑娘，人们对此视若无睹。这时，车要到站了，车厢尽头有个中年男子一边向醉汉走过去，一边喊：“你好，好久不见了！你都把我忘了吧？”

醉汉一看，对这个陌生男子的亲切招呼感到诧异。

“真是贵人多忘事，是我！怎么忘了？”

“你，你是谁？”醉汉迟疑着说。

“你现在在哪儿住呢？我下站就下车，你在哪儿下呀？”

“终点站。”

“下站一起下吧，谈谈分手后的情况，咱们见个面也不容易。”

这时车门开了，这位男子向小姑娘挤挤眼，说着就把醉汉拉下了车。

“喂！到站了，走吧！啊，小姐，对不起呀！”

小姑娘长出了一口气。

车刚要开，那个男人叫道：“不好，我的东西掉车上了！”说着又跳上了车。

车门关了，车继续向前驶去，男子向醉汉挥挥手说："再见，祝你身体健康！"

乘客们这才回过神来，车厢里响起欢快的掌声。

这位中年男子利用醉汉神志不清的时机，以所谓朋友迷惑对方，求得亲近，这样钝化了攻击性，最后达到目的，让醉汉自觉跟自己下车。他的脱身之计更妙，他没有一下车马上严肃起来，直接攻击对方，而是让对方在明白中计的同时，又有一种知错的心理反应。如果他以硬性力量强制醉汉，只是给人一种泄愤的快感，其结果也许很糟，自己下不了台，也许会爆发一场大的冲突。

在人生旅途中，我们随时都有可能与他人发生冲突，如果在社会准则的约束下，按常规方式处理，定会有得有失，甚至失大于得。但如果你能宽容豁达点，机智地运用幽默，即使不改变你的攻击性，也能在幽默中使攻击性得到钝化，避免弄僵人际关系。

马克·吐温在1895年的夏天，与朋友比杰尔夫人就有没有灵魂的问题发生了激烈的争辩。他们谁也无法说服对方。于是比杰尔夫人便讥讽地说："我的朋友，假如过了一百万年之后，我们又在天堂里相遇了，你是不是愿意承认自己的错误呢？"马克·吐温看到比杰尔夫人已经生气了，就没有继续争论下去。

到了第二天，马克·吐温让人给比杰尔夫人送去了三块小石头，这些石头上刻着他新写的诗句，它们是："假如过了一百万年，事情证明你正确，而我不对，那我就会公开地，并且坦率勇敢地对着你那可爱的、带着嘲笑的小脸，承认我的错误。""假如竟是我对，那我多么遗憾，因为你我已不能对证。”“啊！耐性非凡的石头，你既已待了好几百万年了，那就带着这封信再待上一百万年好了。”比杰尔夫人收到这三块石头，被马克·吐温的幽默打动了，之前的不快一扫而光。就这样，关于灵魂的辩论就此打住，而比杰尔夫人和马克·吐温仍是一对好朋友。

即便是好朋友，彼此也难免有观念不一致的时候。马克·吐温的做法非常值得人们借鉴，幽默在化解朋友间的争执时可以称得上是一剂良药。

可见，幽默能给人带来友情。幽默能让自己变得更加乐观与豁达，当面对摩擦和矛盾时，可以用幽默去应对、化解，让自己的人际关系更为和谐、友善。

用幽默调整自己，为生活带来阳光

幽默能给人们带来轻松，所以在遇到困难和挫折时，幽默可以缓解人们内心的紧张和焦虑。在困难的时刻善用幽默的人通常有一种乐观处世的心态，无论遇到什么棘手的问题都会用幽默来调整自己，使自己保持良好的心态。所以，幽默可以造就乐观的心态。

有一次，美国第26任总统西奥多·罗斯福的许多东西被偷了。他的朋友写信安慰他，他在给朋友的回信中说：“谢谢你来信安慰我，我现在很平静。这要感谢上帝，因为，第一，贼偷去的是我的东西，而没有偷去我的生命；第二，贼只是偷去了我一部分东西，而不是全部；第三，最值得庆幸的是，做贼的是他，而不是我。”

常听人这样问自己：“为什么他言语风趣幽默，而我就不行呢？”假如你还在为自己不擅长幽默而烦恼，那就仔细地审视一下自己的内心吧。一个消极悲观的人，是永远无法笑起来的；一个充满狐疑的人，在言谈中也难以透出暖融融的春意；一个整天心情抑郁的人，话里肯定有解不开的心结。幽默不仅反映出个人对待生活的豁达态度，还能展示出他对自身力量的绝对自信。

反观那些积极乐观的人，不管遇到什么事情，他们都会幽默地面对。这类人为人宽容，不会斤斤计较，懂得与人为善，就算被别人伤害了，他们也不会针锋相对，反而能从中发现幽默的元素，让自己的生活更丰富多彩。

林肯是个幽默的人，他从来不遮掩自己，当有人笑话他的父亲是个鞋匠时，林肯笑笑说：“不错，我父亲是个鞋匠，但我希望我治国能像我父亲做鞋那样娴熟、技艺高超。”林肯善于用最通俗的语言来表达最深刻的道理。他最常被人引用的名言是：“你可以在任何时候愚弄某些人，也可以有时愚弄所有的人，但你不可能总是愚弄所有的人。”

幽默的性格造就了林肯乐观的心态。林肯的一生饱经风霜、坎坷异常，但他没有被击倒，仍乐观地等待明天。纵观林肯的一生，快乐的日子要远远少于悲痛、心烦的岁月，但他仍旧没有被击倒，而是顽强地与那些给自己的生活带来麻烦的人、事作斗争，这一点就连他的对手都敬佩不已。道格拉斯这个两次击败过林肯的竞选对手在评价林肯时说：“他是党内强有力的人物，才智超群，阅历丰富，他是西部最优秀的竞选演说家。”

一天夜里，有个小偷进入了巴尔扎克的房间，并在他写字台的抽屉里翻找值钱的东西。这小偷有点儿不太专业，翻弄的声音太大，竟然把睡梦中的巴尔扎克给吵醒了。

“哈哈哈哈……”巴尔扎克躺在床上大笑起来。

小偷惊慌失措地问：“你笑什么？”

又笑了一会儿，巴尔扎克才回答说：“我的好伙计，在我白天都找不出一枚硬币的抽屉里，你居然打算在黑夜从里面找出钱来！”

巴尔扎克的一生多有坎坷，年轻时就已经债台高筑，经常因一点面包、蜡烛和纸张而烦恼。他的一生都在痛苦和贫困中度过，而且几乎得不到任何人的理解。他说：“债主迫害我像迫害兔子一样，我常像兔子一样四处奔跑。”然而，就算在这样艰难的生活条件下，巴尔扎克仍然保持着一颗积极向上的心，让自己笑对生活和人生。在他的作品中，虽然可以看到最辛辣的讽刺，但也能看到他的讽刺都包裹着一层幽默的外衣，使读者在欢笑之余领悟真谛。

幽默，是一个让我们摆脱外界事物，从内心里快乐起来的重要法宝。诚然，这种乐观的心态很难一直维持下去，但只要你愿意尝试，从点点滴滴做起，就能让自己变得越来越乐观。比如，你花了10元钱买了张彩票，结果中了200万元。就在你欣喜若狂、为之激动不已的时候，却发现老妈把那张中奖的彩票当成垃圾给丢了，这时，你不妨自我安慰一番：“不过损失了10元钱而已，有什么好难过的？”

当然，损失200万元对任何人来说都很痛苦，但损失已经不可能挽回，又何苦再赔上自己的情绪呢？还不如让自己积极乐观些，使事情朝着积极健康的方面发展。这样的人，不管一生际遇如何，都必定能与快乐为伍。

而且，一旦你拥有了这种幽默感，幽默就会与你形影不离，会伴随你一生，让你成为一个幽默、开朗、讨人喜欢的人。

有一位智者说过："生性乐观的人，懂得在逆境中找到光明。生性悲观的人，却常因愚蠢的叹气，而把光明给吹熄了。"当你懂得生活的乐趣，就能享受生命带来的喜悦。烦恼重重的人，芝麻小事都会困住他。想解脱的人，天大的事情都束缚不了他。

学会幽默，保持一种乐观的心态，如果一种方法行不通，就换一种方式、换一个心情，说不定在另一方面你会收获更大的惊喜、更大的成功。

给自己一份幽默特质，还自己一份幽默心情

俗话说："笑一笑十年少，愁一愁白了头。"烦心的愁事在心头萦绕的时候，人们会无精打采、心事重重、茶不思饭不想，既耽误了工作，又影响了学习。其实，这种为一些事情发愁的做法是没有必要的，因为发愁只能使自己的心情一落千丈，解决不了任何问题。人的一生要做的事情太多，而人的生命又是有限的，如果把宝贵的时光都浪费在犯愁上，那真是可惜。所以在发愁时，不妨用幽默来驱散心头的愁云。

有一群年轻人，他们总感觉自己不快乐，于是到处寻找快乐，但越是寻找，越是寻不到，反而遇到了很多负面情绪，悲伤、忧愁、痛苦接踵而至。无奈之下，他们就跑去向苏格拉底请教。

"老师，我们苦苦追寻快乐许久，却总是追寻不到，快乐到底在哪里

呢？”这群年轻人问道。

苏格拉底并没有直接回答，而是淡淡地说：“你们不要着急，先帮我造一条船吧！”

年轻人听说要造船，就把寻找快乐的事情放到了一边，找来造船的工具，用了整整七七四十九天，终于锯倒了一棵大树，把树心挖空，最后，终于造好了一条独木船。

年轻人把独木船推到水里，请苏格拉底上船。年轻人一边合力划船，一边唱起歌来。苏格拉底笑着问：“孩子们，你们现在快乐了吗？”

年轻人都很开心，“非常快乐！”

苏格拉底说：“其实，快乐就是这么简单，当你专心于某件事的时候，快乐就会突然到来。”

春天可以让鲜花绽放出动人的笑容，快乐也可以让我们绽放出迷人的笑容。岁月无情人暗换，只有快乐永远驻扎在我们心间，永远不会消退。我们无权选择人生，但是我们可以选择内心的感受，只要我们感觉到快乐，我们的人生就会受到快乐的感染，变得非常快乐。

人生的每一步都会有事情发生，随时随地都要面对问题，这正是人生对我们的一种考验。如果我们只会烦恼、只会悲伤，我们的人生就会被悲观的情绪所左右，而我们的世界也会因此变得一片黑暗；如果我们拥有快乐，人生就会被快乐所主宰，做起事来也会变得非常快乐，处理事情也就会变得得心应手了。

王华从朋友那里买了一个新电表，装好之后才知道电表有问题，转得太快，这让王华不胜烦恼。等他去找朋友时，才发现朋友去新疆出差了，要一周左右才能回来。王华没有办法，只好等着。等朋友回来后，王华马上把他带到了家里。

“回来了，新疆远不远？”

“远啊，走好几天呢。”

“怎么去的？花了多少路费？”

“火车呗，花了300多元。”

“嗨！早知道如此费工夫还花这么多钱，我这儿有个快的宝贝让你坐上多好呀！”

“什么宝贝？是你的？”

“是啊，你看你坐火车干吗呀？多受罪！好几天才能走300块钱的，我这个可快多了，一天就走了300块钱的。”

说完王华便把朋友带到电表前，“以后我去哪儿，绝对不用坐火车了。你送来的这个电表跑得快着哩！”

也许很多人都会遇到跟王华类似的烦恼，但大部分人选择了错误的方式，结果使得问题越来越复杂，不仅不能解决问题，反而使自己更烦恼。看看王华的幽默，不失为一种最好的解决问题的方式。

人生中总会出现困难和烦恼。有的人会在窘境中挣扎，会因失意而蹉跎，甚至会被突然而至的暴风雨击倒。有的人借助幽默乐观的心态，以一种有益的方式对待人生中的困难与烦恼，使自己在人生路上轻装前行，最终通过了生活的种种考验。幽默的心态就像一种缓冲机制，使人远离对抗、失望和悲观的情绪；它也类似于一种默契形式，使人用宽容、发展的眼光看生活。

幽默大师查理·卓别林说：“幽默是智慧的最高体现，具有幽默感的人最富有个人魅力，他不仅能与别人愉快相处，更重要的是拥有一个快乐的人生。”而这位幽默大师最推崇的人是被他称为美国“幽默学之父”的罗伯特·斯坦恩。斯坦恩是美国斯坦福大学心理学教授，是第一位把幽默作为研究课题的专家。在二战中，许多奔赴欧洲战场的士兵随身只携带两本书，一本是《圣经》，另一本就是罗伯特·斯坦恩编写的《幽默的艺术》。士兵们通过这本书来驱散由于战争而笼罩在人们心头的乌云。

遇到发愁的事，要用幽默转移注意力，应该多与人接触，只有在和别人的接触中才能展现自己的幽默，才能欣赏他人的幽默。接触时间长了，彼此的关系逐渐融洽，玩笑与幽默更加自然，心头的愁云也就消解了。

心情很糟的时候，看什么事情都不顺眼，自然做什么都不会得心应手。所以，尽量快乐地生活，把幽默作为缓解压力的办法，这样快乐也就不知不觉地来到你身边了。幽默是一杯清茶，滋润你的心田；幽默是一块糖，让你倍感甜蜜；幽默是一阵清风，让你展开笑颜；幽默是一抹阳光，为生活增色添彩；幽默是一场演出，彰显你的魅力；幽默是一种力量，让你绝处逢生。

生活中总会有许多不料与不幸，这些不料与不幸总让我们一时无语、无奈。幽默地看待、诠释、回答生活中的一切不料与不幸，给自己一份幽默特质，还自己一份幽默心情。

生活中可以没有哲学，不能没有幽默

幽默是一种豁达的品格。幽默能够使人的性格变得活泼开朗，使人生变得轻松愉快，再没有什么事情能够比豁达、幽默的品格更令人高兴了。

人人都喜欢幽默，然而，要使自己在短时期内就能变得诙谐幽默起来，却不是一件很容易的事情。幽默不是三言两语即可传授，它是睿智的体现，是一个人的思想、学识、智慧、灵感在语言中的体现。在日常生活中，不仅要能够对他人幽默，也要能够对自己幽默。

那么，究竟怎样做，才算是拥有豁达、幽默的美好品格呢？

有一年中央电视台的春节联欢晚会上，当台湾影星凌峰出现在晚会现场，取下帽子向观众行礼时，看到他那颗又圆又光的脑袋，晚会气氛活跃了许多。紧接着，他说："在下凌峰，我和文章不一样，虽然我们都得过'金鸡奖'和'最佳男歌星'称号，但是，我是以长得难看而出名的。"

这一段精彩的即兴发言不仅使凌峰获得了热烈的掌声，更让大家在他真挚的自我解嘲中，看到了他豁达的胸襟、幽默的品格。

"两年多来，我在大江南北走了一遍——拍摄《八千里路云和月》，所到之处呢，观众给予我们很大的支持，尤其男观众对我的印象特别深刻。因为他们认为本人的长相像中国，五千年的沧桑和苦难全都写在我的脸上。一般来说，女观众对我的印象不太良好，有的女观众对我的长相已经达到了忍无可忍的地步，她们认为我是人比黄花瘦，脸比煤球黑。但是，时代在变，潮流在变，审美的观念也在变。如果你仔细地归纳一下就会发现，现在的男人基本上分为三种：第一种你一看上去很漂亮，可看久了以后，就觉得他没有什么男人味道，这一种就像我的好朋友刘文正；第二种你看上去很难看，看久了是越看越难看，这一种就像我的好朋友陈佩斯；第三种你看上去很难看，看久了以后你会发现，他有另外一种男人的味道，这种就是在下我。鼓掌的都表示同意了！"

还有一次，也是在一个晚会上，凌峰这样开始了他的开场白："我这副长相很对不起观众，有时候上街都得备点零钱，以防有损市容被罚款……”这些都是豁达的幽默。

有人说，豁达的幽默就像一个精灵，它随时出现在我们的周围，让人们汲取它的灵气。它以愉悦的方式表达出说话者的真诚、大方和心胸豁达。人类在长期的艰难困苦中对语言千锤百炼，才有了轻松简洁、情趣盎然的幽默语言。

豁达的品格，表现在幽默上的形式是多种多样的，一般有自我嘲讽、旁敲侧击、谐音双关、借题发挥等。如若运用得法，肯定会收到奇妙的效果。

美国前总统里根是一个品格豁达、极富幽默感的人，他自己曾经这样说：“在生活中，幽默促进人体健康；在政治上，幽默有利于自己的形象和得分。”里根总统自己就有许多以幽默解脱尴尬的事例。

里根总统第一次访问加拿大的时候，有一天，他正在某地举行演说，可是，很多举行反美示威的人群不断高呼反美口号，使他的演说不得不时时中断。陪同他的加拿大总理皮埃尔·特鲁多见此情景，觉得示威的人群对这位美国总统太不尊重，因而感到很难为情，紧皱着眉头。可是，面对如此难堪的场面，里根总统仍然是一脸的轻松。

他满面笑容地说：“这种事情在美国时有发生。我想这些人一定是特意从美国来到贵国的，他们想使我有一种宾至如归的感觉。”紧皱双眉的特鲁多听了这话疑虑顿消，也跟着开怀地笑了起来。

看起来，遇到尴尬场面时，除了运用诙谐幽默的语言和表情去冲淡外，你别无选择。

除了这些成功人士，许多平凡的小人物也都具有幽默和乐观豁达的品格。

在公共汽车上，因突然刹车，一位男青年无意中撞了一位小姐，小姐愤恨地说："德行！"男青年被她的话激怒了，一场争端迫在眉睫。这时，旁边的一位大爷说了一句话："不是德行，是惯性。"车上的人顿时哄然大笑，小姐不好意思地低下了头，男青年也愉快而诚恳地表示了歉意，车上烦闷、紧张的气氛也一扫而空了。

一次盛宴招待会上，服务生倒酒时，不小心将啤酒洒到一位宾客那光光的秃头上。服务生吓得脸都变了色，全场人手足无措、目瞪口呆。没想到这位客人却诙谐地说："老弟，你以为这种酒能治疗脱发吗？"在场的人闻声大笑，尴尬局面一下子被打破了。

宾客以幽默向大家展示了自己的大度，又巧妙地为服务生解了围，使招待会能愉快地继续下去。

一位俄国作家曾经说："生活中如果没有哲学，还可以对付过去，若是没有幽默，那就只有愚蠢的人才能生存。"话虽然多少有些绝对，但足以说明幽默对人们精神生活所起的重要作用。当然，不懂幽默的人，也是无法拥有豁达的品格的。幽默与乐观是孪生儿，幽默中渗透着一种坚强的意志，展示了人的一种乐观豁达的品格。

世界上最好的治病良方，就是幽默疗法

据医学、生理学研究，笑对人体各部器官都有好处，特别是心理情绪的调整，而幽默是引我们发笑的原动力。不少专家认为，幽默对于人的精神健康的调节作用表现为：能帮助人们忘掉烦恼，或者至少把烦恼降到最低限度。医生们认为，幽默在治疗中的潜在功能主要表现在：第一，营造一种轻松气氛；第二，加强有理性的彼此交际；第三，成为洞察冲突的一种源泉；第四，帮助人们克服生硬而虚伪的社会习气。

近年来，欧美医学界发明的幽默疗法已经在临床上取得了可喜的成绩。专家们认为，幽默具有治疗作用的原理主要是笑，因为一个人笑的时候，其膈肌、胸部、腹部、心脏、脾部甚至肝脏都会引起短暂的运动，能起到消除呼吸系统中的异物，刺激肠胃，加快血液循环，提高心率的作用，同时可缓和厌烦、紧张、内疚、沮丧的情绪，减轻头疼和腰背酸痛的程度。

更为重要的是，笑还可以促使体内的某些激素（如肾上腺等）的分泌，这些激素可能会对机体产生有利的影响，同时又会促使体内释放某些麻醉因子，从而缓解疼痛，减轻关节炎等病症所引起的不适。

美国斯坦福大学的精神学家威廉·弗赖恩博士说，生活中如果没有笑声，人就会生病，并且疾病会日趋严重。而幽默则能激起内分泌系统的积极活动，从而有效地消除病痛。

幽默能使人们紧张的神经得以放松。

医生的电话铃响了，一位先生在电话中惊慌地说：“喂！喂！大夫，请你赶快到我家来一趟！我的儿子不慎将我的微型钢笔吞下去了！”

“好吧，我就来。”医生对那位万分紧张的父亲说。

“大夫，在你到来之前，我应该怎么办？”

“你可以先用铅笔写字。”

医生的一席话缓解了患者亲属的紧张心情，使人不至于在慌乱之中无所适从，影响患者的康复。

一个恰当的幽默，是成功治疗心理疾病最好的药物。

昂里埃特·比妮耶曾经说过：“幽默是我们身体中最理智的一部分，是治疗剂。幽默使我们驱逐恐惧，使我们发泄对权威的不满，使我们补偿自己的不足，使我们为自己的失败复仇。您的心理分析家曾经总是这样告诫您：‘如果我们不在厄运面前发笑，我们就会从窗口跳楼自杀，或跑去扼杀同楼的邻居。’幸好，我们中间的多数人会笑，所以死亡率大大降低。”

人们很难把幽默和笑给彻底分开。笑就像幽默的产品，而关于笑的功能，外国人说，“快乐的微笑是保持生命健康的唯一秘方，它价值千百万，却不花一分钱”；中国人说，“笑一笑，十年少”，“笑口常开，百病不来”。我国民间流传着一个故事。

清朝的时候，有一位八府巡按，他长期患一种精神抑郁症，看了许多医生，都没有见效。

这一天，他因公走水路经过山东台儿庄，忽然犯了病，地方官员立刻推荐一名当地有名的老医生为他诊治。诊脉后，医生说：“你患了月经不调症。”巡按一听便大笑不止，直呼“你定是老糊涂了”。

后来，每想起此事，他就要大笑一阵，谁知过了一段时间，他的病竟自己好了。过了几年，巡按又一次路过台儿庄，想起上次看病之事，特意来找老医生，想取笑一番。

见面之后，老医生说：“你患的是精神抑郁症，并无良药可治，只有心情愉快，才能尽快恢复健康，我是故意说你身患‘月经不调症’，让你常发笑。”

据一份医学研究报告显示，笑口常开可以防治传染病、头痛、高血压及过度的压力，因为幽默的笑声能够增加血中的氧分，并刺激机体的内分泌，对抵抗病菌的侵袭有明显的疗效。而不笑的人，患病概率较高，且发病者以重病居多。

美国作家卡森斯曾在《星期六评论》杂志担任编辑。由于多年的日夜操劳，他患了一种严重的病——结核病，同时还有并发症，身体虚弱，行动不便，极其痛苦。尽管多方求医，但收效甚微，不少业内专家都断言为不治之症。

后来，卡森斯听从了一位朋友的建议，在接受必要的药物治疗的基础上，他决定采用一种奇特的幽默疗法。他搬离了毫无生气的医院，住进一家充满欢声笑语的旅馆，常常欣赏一些幽默风趣的喜剧片，跟朋友们进行幽默的对话，听大家讲一些幽默故事，使自己每天都处于一种轻松欢快、无忧无虑的状态，想办法出声笑上几回。

卡森斯发现，一部10分钟的喜剧片可以让他拥有2小时无痛苦的睡眠。令他更为惊喜的是，笑可以减轻炎症，而且这种疗效能持续很长时间。与此同时，他还辅以适当的营养疗法。仅仅几个月，奇迹出现了，卡森斯的病症居然痊愈了。

根据自己战胜病魔的经验，卡森斯开出一张“幽默处方”，并风趣地取名为“卡森斯处方”。其中有这样几句话：“请认清每个人都有内在的康复功能。提升自己内在的康复能力，利用笑制造一种气氛，激发自己和周围其他人的积极情绪。发展感受爱、希望和信仰的信心，并培养强烈的生存意志。”

不难看出，这段话的核心是以笑来激发生活的力量、生存的意志、康复的能力，进而增强自身免疫力，战胜病痛。现在我们也常说，笑可以促进消化。所罗门王有一句名言：“心中常有喜乐，恰如身体常保健康。”无数事实告诉我们，幽默有助于健康长寿。

生活是面镜子，幽默可让它对你永葆笑脸

面对生活中的种种不如意，我们通常不自觉地去反思、自责，于是心理逐渐失衡，或闷闷不乐，或郁郁寡欢，或满腹牢骚，或怒发冲冠。假如我们以这种焦躁的情绪待人处世，自然会将自己的生活弄得一团糟。幽默是烦恼的最大克星，能改变我们灰暗、消沉的心境，帮助我们重获自信、激情和兴致，回复最初的精神爽朗、心情舒畅。

挫折既然不可避免，我们不妨换一个角度来看待人生的不如意。就像英国著名作家威廉·萨克雷所说的那样：“生活是一面镜子，你对它笑，它也会对你笑；你对它哭，它也会对你哭。”因此，轻装上阵是战胜挫折的最好方式。幽默的力量在于调节，它能使人领悟到失意或烦恼的真谛，积极创造新的气氛，从而达到心理平衡。

美国有一个传奇式的教练叫佩迈尔，他带领的迪鲍尔大学篮球队在蝉联39次冠军后，遭到一次空前的惨败。记者们在比赛后蜂拥而至，问他此时感想如何。

佩迈尔微笑着说："好极了，我们现在可以轻装上阵，全力以赴地去争夺冠军，背上再也没有包袱了。"

比赛失利本应是令人沮丧的事情，但在乐观积极的人看来，失败不过是迈向成功的一级台阶。佩迈尔教练的话语蕴含着豁达的幽默和哲学的智慧。他的哲学修养使他看到事物的另一面，他在冠军的称号中看到了包袱，而在失去冠军的刹那又看到了某种从零开始的心理优势。他的幽默不仅能够减轻队员的压力，而且有指导实践的意义。

对一时的比赛失利，我们可以豁达地看待，但是，假如要我们去面对可能影响自己一生的身体残疾，可就需要很大的勇气了。

爱迪生有一次坐火车，结果被人打了一记响亮的耳光，就是这一记耳光，导致了爱迪生后来的耳聋。但是，这位伟大的科学家对自己的缺陷却不以为意，他以幽默的口吻说："耳聋帮我杜绝了跟外界的无聊谈话，使我能更为专心地工作。"

伤残疼痛在普通人眼中是那样苦不堪言、沉重不堪，可对有志之士、有识之士来说，乐观面对就能改变生活，他们的幽默达观不仅开阔了他们的心胸，还让他们在痛苦中收获欢乐。

医学研究发现，烦恼对人的危害不可小觑，轻则使人精神不振、情绪不佳、浑身无力，重则使人患各种各样的疾病。因此，只要烦恼产生，就应该想方设法去排解烦恼。在排除烦恼的各种方法中，幽默无疑是最有效也最实用的。

俄国著名作家赫尔岑应邀参加一个晚宴，席间被宴会上轻佻的音乐弄得十分厌烦，但他身为贵宾，如果随意离席不太礼貌。苦恼之余，他干脆用手捂住耳朵。

宴会的主人见此，忙上前解释说："对不起，你不喜欢他们演奏的高尚的流行乐曲吗？"赫尔岑反问道："流行的乐曲就都是高尚的吗？"

主人听了甚感诧异："不高尚的东西怎么会流行呢？"赫尔岑笑了："那么，流行性感冒也应归类为高尚吗？"说罢，他起身离开位子，躲到角落里去了。

虽然对轻浮的音乐不胜其烦，但赫尔岑并没有选择直接抗拒的方式，因为那样不仅显得他没有涵养，而且还会使宴会的主人尴尬。于是，聪明的作家选择了幽默的方式，将轻佻的音乐比作流行性感冒，不仅缓解了自己不堪忍受的烦恼，也间接表达了内心的不快。

生活在人群中，谁也免不了应对复杂的人际关系，时间一长，我们自然会对这种应酬感到厌烦，却又找不到合适的理由拒绝，所以非常烦恼。

英国诗人罗伯特·勃朗宁有"诗瘾"之称，只要沉浸到创作中，他就什么都顾不得了，而且从不知厌倦。而且，他这个人有一个特点，就是非常憎恶一切无聊的应酬和闲扯。

有一次，他去参加一个社交聚会，一位先生很不知趣地就勃朗宁的作品向他提了一连串问题，勃朗宁既看不出问题的价值，也不知道他到底有何用意。由于对此十分不耐烦，他决定结束谈话。

于是，勃朗宁很有礼貌地对那人说："请原谅，亲爱的先生，我独占了你那么多时间。”那位先生先是愣住了，随后笑了笑告辞了。

勃朗宁幽默地终止了那位不知趣先生的无聊问题。假如他换用直接拒绝的方式，很可能会引起对方的不满。勃朗宁含蓄中略带幽默的话语不仅成功地杜绝了烦恼，而且使自己全身而退，无法不令人称赞。

平日里，有些人经常会吃人情亏，可为了面子和本着不伤和气的原则，不少人都会选择“哑巴吃黄连”，有苦也不说。在这种时候，要是你能够巧妙地运用幽默的语言，就可以轻而易举地帮自己解决烦恼。

人生中总会出现困难和烦恼。有的人会在窘境中挣扎，会因失意而蹉跎，甚至会被突然而至的暴风雨击倒。有的人借助幽默乐观的心态，以一种有益的方式对待人生中的困难与烦恼，使自己在人生路上轻装前行，最终通过生活的种种考验。幽默的心态就像一种缓冲机制，使人远离对抗、失望和悲观的情绪；它也类似于一种默契形式，使人用宽容、发展的眼光看生活。

生活这么无趣，何不用幽默为它添点料

每一天，我们都重复着工作、睡觉、吃饭等一成不变的事情，生活是那么琐碎无趣，品味起来如同一杯搁置了数天的白开水，让人难以下咽。而生活压力、工作压力却有增无减，家庭生活中锅碗瓢盆等琐事更是没有穷尽，要面对如此平淡的生活，我们最需要的就是承受这一切的勇气。

而幽默可以提高我们驾驭这种生活的能力，因为幽默往往等同于坚毅、冷静、智慧、能力。只要我们积极地在琐碎中寻找幽默，自然就能够找到生活的乐趣。

一次，萧伯纳正在街上行走，被一个骑单车的冒失鬼给撞倒在地上，幸好没有什么大碍。肇事者急忙扶起萧伯纳，并连声道歉。萧伯纳看了看肇事者，拍拍屁股诙谐地说："你的运气真不好，先生。假如你把我萧伯纳撞死了，就可以名扬四海了。"

见萧伯纳被撞还如此幽默，肇事者轻松地笑了起来。

对一般人来说，好端端走路却被人撞倒在地，肯定觉得非常生气、非常扫兴，但是萧伯纳不仅没有发怒，反倒用幽默帮助对方解围，使这起撞人事故有了更好的解决办法。萧伯纳这种积极乐观的态度便是创造这种幽默的直接动力。

尽管生活处处可幽默，但萧伯纳在这种时刻仍能风趣地为对方化解尴尬，这种修养不是谁都能有的。其实，这样豁达的幽默并不会让自己吃亏，如果一个人能够保持正确的生活态度，凡事都从积极角度去思考，那他在遇到困难时便可以轻松地化险为夷。

在一次聚会上，卓别林跟侍者要了一把苍蝇拍，追打一只在他头上飞的苍蝇，可拍了好几下都没有打中。不一会儿，一只苍蝇在他面前停下了，卓别林举起了苍蝇拍，正准备给它致命的一击，忽然，停住了动作。

"为什么忽然停手了？"周围的人问。

卓别林耸了耸肩膀说："它不是刚才缠着我的那一只。"

卓别林常被邀请参加一些宴会，尽管他对此并没有多大兴趣，但无奈之下只好硬着头皮应付。而应付对所有人来说都是一种煎熬，于是卓别林有了主意，自己拿自己逗趣，进行了一段十分出彩的临场表演。从消灭苍蝇的角度来说，无论它有没有叨扰过你，都应该把它消灭掉，卓别林却故意做出愚蠢的事情，对不同的苍蝇区别对待。这种愚蠢的行为制造出极强的喜剧感，使聚会现场的气氛变得风趣无比。

生活中，我们也免不了要跟卓别林一样参加些无聊的聚会，与其痛苦地坐在一边煎熬，还不如给自己找点儿乐子，顺便也能娱乐一下大家。

有一年，在白宫的记者年度晚宴上，布什总统正在讲一个在座大部分人都知道的老笑话。突然，第一夫人劳拉打断了总统的讲话："乔治，这么多年来，我不知参加了多少次这样的晚宴，总是安静地坐在一边。今天你先坐在一边，让我来说几件事情。"

接下来，劳拉拿她丈夫，也就是总统开起玩笑，讲了一连串的笑话。劳拉谈起来自富贵人家的布什如何适应得克萨斯的农牧生活，她说："乔治真让我自豪。到现在，他终于学会了很多牧场上的活儿，想当初，他试着从马那里挤奶，更糟糕的是，那还是匹公马。"

与会记者哄堂大笑，就连布什总统也乐得合不上嘴。

在常人看来，在记者年度晚宴这种严肃场合不应该开玩笑，应该一板一眼地按照进度进行，可是，类似的晚宴每年都会举行一次，而且都是大同小异，连布什总统自己也觉得无聊，就连笑话都是人们都知道的老笑话。而劳拉幽默风趣的表达使晚宴的气氛马上热闹起来，更让大家认识了一个愚笨得有些可爱的美国总统。劳拉的这段小幽默在美国上下都引起了积极的反响，因为她让国民知道，第一家庭也是实实在在的人，他们的生活也同样琐碎而生动。

那些每天都生活得刻板无趣的人经常会给自己找一些自我安慰的借口：“生活很无趣，怎能要求我成为一个幽默有趣的人呢？”这不过是借口，因为生活是否无趣、是否琐碎都由我们自己决定，如果能够见缝插针地运用幽默，生活自然会变得有趣起来。

望你青春不老，拥有甜美微笑

人长大了，会变得深沉，看到别人笑闹，便会不屑：太幼稚了，孩子。但是这样的人通常会活得很累，因为他不懂童趣。现在越来越多的人喜欢童趣，用童趣幽默让自己的家庭快乐，让自己也快乐。

这里的童趣更多时候是一种精神，传递正能量，让别人发现自己的童真。有人说这是卖萌，其实也相差不大，主要是为了娱人娱己。

袁隆平有个称号是老顽童，因为他喜欢在业余时间跟一帮年轻人玩，比如打麻将，谁输了就要钻桌子。

结果袁隆平打麻将输了。大家觉得让老年人去钻桌子不合适，有人说算了吧，可是袁隆平动作不停，硬是弯着身子要钻，让周围的人们拍手大笑起来。

年纪大的人童心未泯，这让家人最开心也是让自己最开心的，因为这个时候，他已经找到了真我，而非伪装的自己。

夫妻两人晚上睡觉，丈夫睡觉前对妻子说："老婆，一会儿记得把手电筒给我。"

妻子很疑惑："大晚上的，你要拿手电筒出去吗？"

丈夫说："我晚上不出门，就是怕做梦的时候走黑路，看不见。"

妻子瞬间大笑起来。

童真是可以让自己独自快乐的方式，这样的方式让人们仿佛回到了无忧无虑、自由自在的日子，仿佛自己成了一个小孩，什么都不用想、什么都不用管，只要做好自己，什么面具、什么假笑都统统远离，什么不开心、难堪都统统丢失，让自己的心灵回到最初的纯真，也许只是1分钟，也许是30秒，可就在这么短的时间里，让自己尽情快乐。

大家在一起布置展位，刚毕业的钟德业有些心事重重地对陈组长说："陈组长，我现在都不想结婚。"听了他这没头没脑的话，陈组长愣了一下，等回过神来，忙问他为什么。

"不为什么，不想就是不想呗！"在陈组长再三地追问下，他终于吐露了实情："媳妇太重了，我抱不动。看咱们办公室的这些大姐们，哎！今后可怎么办呀。"

陈组长也憋不住了，哈哈大笑起来。

孩子气也是幽默的一个特点，在生活中，我们的孩子气随着年纪的增长会逐渐变少。慢慢地孩子气几乎成了一些稚气孩子的代名词。

林璐和叶桐大学毕业了，他们来到北京，虽然穿着一般，住在城郊，很难找对象，但是他们很愿意在北京打拼。

两人下班后要回位于河北某一小镇的住处，每次都会乘坐大巴车来回折腾，这天两人在车上继续聊了起来。

林璐说："我特别喜欢花，最大的愿望是有一个空中花园，每天起床就可以看到这样一个大花园。"

叶桐说："我的愿望是去外太空，跟外星人见面聊天，不愿意了就回地球。"

林璐高兴地说："能不能带上我？"

这时候旁边的听众肯定都会睁大了眼睛，感觉这一对就是两个幼稚的孩子。但是，他们两人能在这么不着边际的话语中寻找到快乐和轻松，所以就让不着边际一直漫无目的地无限延伸吧。

照照镜子，收起憔悴，挂起快乐的笑脸。整整衣衫，掸去疲惫，出去转转，抛弃烦恼，放松心情，发发短信。

望你青春不老，保持一颗纯真、快乐的童心，拥有甜美的微笑、孩童般的皮肤、无忧无虑的生活状态，对未来永远抱有美好的幻想和憧憬！

第二章　幽默并不简单，不懂技巧等于胡侃

 给幽默设点悬念，勾起人们的好奇心

古人经常说："文似看山不喜平。"对会说话的人，人们的评价多是"看，他多幽默"，或者"看，他一开口就妙语连篇，跟他说话总有令人意想不到的发现"。这些都是设置悬念所制造出的效果。

在对话沟通的过程中，假如能够恰到好处地结下一个个"扣子"——悬念，在说出最关键的那句话之前沉住气，就会使听者在回旋推进的言论中兴味无穷，产生"山重水复疑无路，柳暗花明又一村"的感觉，从而一步步实现预定的说话意图。

有一天下课，一位女同学突然走到讲台前，对老师说："我不喜欢听你讲课！"老师非常惊讶，问道："为什么啊？讲得不生动吗？内容不深刻吗，还是语言啰唆？"女同学回答："都不是！因为你的表情太严肃、

眼睛瞪得太大，我不好在下面看小说。”

学生们听了，先是吃了一惊，而后都大笑起来。

这位女同学主观上并不是要否定这堂课，而是要肯定这堂课：老师要求严格，学生上课才变得认真。这个故事一开始就先设置了一个大大的悬念，将听众引入歧途，这悬念通常为造成反常的结果做铺垫。幽默者运用反向思维的方法将真相抖出，既解答了悬念，也将自己心中的意思表达得淋漓尽致。与直白地说“老师你的课太棒了、太酷了”相比，这种幽默产生的效果要更智慧、更艺术。

设置悬念一定要巧妙，要顺理成章、有铺有垫、引人入胜，最后一语道破玄机，否则就会给人故弄玄虚之感。巧设悬念类似于相声里的“设包袱”，借跌宕起伏的情节牢牢吸引住他人，最后再借“抖包袱”来画龙点睛，让人体会到强烈的幽默效果，从而实现自己的目的。

要想悬念设得好、设得妙，除了要博学多识外，更重要的是思想要深邃旷达。博识能为悬念提供丰富的“语料”，而睿思则能保证其质是钻石而不是瓦砾，是珍珠而不是鱼目，这样的幽默才能雅而不俗、艳而不妖。那些善于吊人胃口的人，不管走到哪里都是最受欢迎的，他们令人在笑声中感受到高品位精神文化的滋润，使人们在愉悦中认同并接受自己的意见。

因为最近工作比较忙，李晓民已经好多天没有跟妻子一起吃饭了。这天晚上，李晓民又加班到9点多，忙了一天很累并有点烦，回到家里，发现妻子还没有睡，在等他。“李晓民，我能问你一个问题吗？”

“什么问题？”“你一小时赚多少钱啊？”“在这儿等我不睡觉，就是为了问这个吗？无聊。”李晓民生气地说。“我只是想知道，就告诉我嘛，一小时多少钱啊？”妻子跟他撒娇。“你真的想知道的话，我一小时赚30元。”

“哦，”妻子低下了头，接着又说，“李晓民，能借我10个一元的硬币吗？”李晓民生气了：“开什么玩笑呀，快去睡吧。我很累，没时间跟你闹着玩。”

妻子安静地进了卧室。过了一会儿，李晓民感觉自己有点太凶了——可能妻子真的需要10个硬币。

李晓民走进卧室，“睡了吗？”“还没有。”妻子回答。“我刚刚对你有点凶，别生气。”李晓民说，“这是你要的10元钱，现在我没有硬币，明天你去换好吗？”妻子开心地接过10元钱，然后从床头拿出存钱罐，倒出硬币开始数。

“你攒这么多一元硬币干吗？”李晓民问。“这些钱都是你做这个项目期间攒的，因为我知道你这次的任务很重，并且时间很紧，肯定会有不少的压力，我一天存一个，一天许一个愿，希望你每天都能开开心心的。有了这10元钱，我就可以提一个小小的请求。”李晓民被妻子的举动给逗笑了：“你说？”“我可以用这30元钱买你一小时的时间吗？明天项目就完成了，我想跟你一起出去吃顿饭。”李晓民哈哈大笑：“就这啊，我还以为是啥大事呢！没问题，明天我提前回来，咱们吃顿好的去。”

尽管只是一个小小的请求，这位妻子却说得惟妙惟肖、风趣幽默。假如这位妻子在丈夫又累又烦的时候说：“明天你的项目就完成了，能不能和我一起出去吃顿饭？”从当时的情况来看，李晓民不一定会答应。可是，经过妻子的一番巧言妙语，丈夫不仅答应了要求，还将工作的烦恼抛诸脑后，全心感受妻子对自己的深情厚谊。

设置悬念也需要一定的技巧，如果你迫不及待地把结果说出来，或是通过表情与动作的变化暗示出来，那就像煮饺子把皮煮破了一样，幽默便失去了原本的效力，只能让人感觉扫兴。不过，凡事都要有个度，设置悬念也是如此。在适当的时候运用，一句机智的妙语能强过一摞劣书。

一个口才好的人，必然是一个风趣幽默的人。作为一个风趣幽默的人，如果想得到更多人的支持和帮助，在社交中如鱼得水，那就要经常使用“设置悬念”的幽默方式。

把故事曲解一下，幽默需要不走寻常路

俗话说：“理儿不歪，笑不来。”有时候，幽默是因为语义的转向而产生的，当一句话的意思被误解成另外一种意思的时候，就会导致语义迁移，这样就很容易产生幽默的效果。

有一个医学院的学生，期终考试不及格。补考时老师为了给他一个及格的机会，就提了一个非常简单的问题：“《本草纲目》的作者是谁？”

谁知这个学生听了毫无反应。老师生气地喊：“李时珍，你听见没有？”学生听了，赶紧拔腿就走，老师惊奇地叫住他，问道：“喂，你为什么走呀？”“您不是在叫下一个学生了吗？”学生回答道。

在这个案例中，“李时珍”这个词语的意思本来是不需要多做解释的，他是《本草纲目》的作者。不过，在这里却产生了歧义，可能是这个学生学习成绩太差，连这样基本的常识都不知道，甚至把这个名字当作同

学的名字，让人听了既好气又好笑。当然，这样一种幽默应该是纯粹的误会的幽默，并不存在什么思想内容。

有时候，我们还可以歪解经典，把那些被众人所知的历史英雄故事通过词义的曲解变为现实生活中的语言，这两者的距离是遥远的，当然，这样的距离越远，所产生的喜剧效果就越强。比如，武侠小说作家金庸曾在自己的短篇小说《越女剑》中对“西施捧心”作了这样的解释：西施是被牧羊女的剑气伤到了心脏，所以才有了西施捧心，然后被东施效颦。其实，我们都知道，西施是因为生病了胸口疼才捂住自己的胸口。被金庸先生这样一解释，自然生出许多乐趣了。

有位主管主持会议，开宗明义地宣布：“今天的会议十分重要，研究全厂改革大计，故应明令禁止说普通话。”

与会者不禁愕然：“为什么要禁止普通话呢？不说普通话，莫非要说方言或英语不成？”望着众人迷惑的眼神，主管说道：“所谓普通话，就是指那种普普通通、平平庸庸、四平八稳、不痛不痒、没有独到见解、缺乏实际内容的套话、空话。这种话难道不应禁止吗？所以，我提议在今天的会上，大家一定要说切实有用的话！”

听到这里，众人才恍然大悟，大笑起来，鼓掌表示赞同。

这位主管巧用望文生义法，开场白极富幽默感，既点出了会议的宗旨，又活跃了会场的气氛。

我们在使用幽默的时候，可以只按照字面意思去解释，不去探求其背后的含义。换句话说，也就是明知道这是错误的，我们也需要按照字面意思去理解，这样就会说出与解释完全不一样的结果，从而使整个语言表达充满风趣。

很久很久以前，美国一出版商有一批滞销书久久不能脱手。一天，他忽然想出了一个主意，给总统送去一本书，并三番五次地去征求意见。忙于政务的总统不愿与他多纠缠，便回了一句："这书不错。"出版商便大做广告："现有总统喜欢的书出售。"于是，这些书便被抢购一空。

不久，这位出版商又有书卖不出去，又送了一本给总统。总统上过一次当，便想奚落他，就说："这书糟透了。"出版商闻之，脑子一转，又做广告："现有总统讨厌的书出售。"不少人出于好奇争相抢购，书又售罄。

第三次，出版商再次将一本书送给总统，总统吸取了前两次的教训，便不做任何答复。出版商却又抛出新词："现有令总统难以下结论的书，欲购从速。"这回书又被抢购一空。

最终的结局令总统哭笑不得，商人却大发其财。

有时候，当我们所说的话有悖于人们的常规思维，这时歪理就产生了，于是幽默也就产生了。其实，在现实生活中，我们还可以运用"大智若愚"增添交际的趣味，活跃谈话的气氛，不仅如此，还可以最大限度地展现我们的智慧和幽默，令人心生好感。

学会模仿，让幽默更加具有效果

对某些固执己见的人而言，他们的思维方式通常是死板的，假如非要与他们讲“理”，就有可能堵塞彼此的沟通；假如通过模仿对方，用他的思维方式来对付他，不仅能让对方无话可说，输得心服口服，而且也许能在无意中由于错位的思维而产生幽默的效果。

幽默的重要源泉之一就是模仿。模仿有许多类型，比如对思维方式、语言以及行为都可以进行模仿。通常情况下，造成交流障碍的重要原因就在于思维方式的不同，这往往也是产生代沟的原因所在。同时，在模仿时若能巧妙运用反常规的思维方式，就会让人啼笑皆非、无法辩驳。

下面举两个例子，在这两个例子中，并未涉及交流，只是照搬了一些同义词或词意，就已经引人大笑并深思了。

乔治：上周，有一粒沙子进入我妻子眼中，只好去看医生。这花了我三块钱。

约翰：你那算什么！上周，有一件皮大衣进了我妻子眼中，就花了我三百块呢！

弟弟：哥哥，你知道火箭为什么飞得那么快呀？

哥哥：这简单啊，火箭飞行时，屁股上不是有一团火吗？你想谁屁股上着火了跑得不快呢？

实际上，火箭“着火”快跑是由于获得了动力，可是人被火烧时快跑则是为了逃命，两者的实质虽并不相同，然而给人的视觉印象却属于同类。这种模仿既巧妙地符合了小朋友的理解能力，又富有幽默感。

当然，模仿的方法不但能对付小朋友们的无厘头思维，还能针对某些人的狡辩予以反击，照样可以让对方哑口无言。

有一位汽车驾驶员在法庭上受审，法官最后宣布：“你是酒后开车，应该判处一周监禁。”

司机为自己辩解道：“我并没有如同控告人所讲的那般喝醉了酒，我只不过稍微有些醉意而已。”

“这的确有点儿不同，”法官思考了一会儿，笑着说，“那我就判你七天监禁吧。”

显而易见，司机是想轻描淡写地描述事实，以逃脱惩罚，但这位法官明白事情本质并不因语言的表达不同而改变，于是他模仿司机的谈话方式，把“一周”换成了“七天”，同样是换汤不换药。

下面这个幽默也同样精彩。

坐在飞驰的列车上，小尼克兴奋地不时把头伸出窗外。父亲多次制止他都毫无效果，小尼克仍旧我行我素。

此时，父亲趁小尼克不备，迅速摘掉他的小军帽，藏在座位下面，说：“看，不听话，小军帽飞了吧。”小尼克害怕地把伸出窗外的头缩了回来。

父亲说：“这就对了嘛，吹声口哨，小军帽就会回来。”小尼克吹了声口哨，父亲迅速把小军帽戴在他的头上。

“哎呀，这太神奇了！”小尼克快活地说。

忽然，小家伙一把拽下父亲的礼帽，迅速扔出窗外，说道：“爸爸，现在该您吹口哨了。”

通过模仿对方而形成的幽默，最完美的地方就在于：让先发者哑口无言、自作自受。因为这游戏规则是由他自己制定的，后发者只不过是机智地模仿了他的思维模式或谈话方式，并严格遵循了游戏规则。而这种游戏通常只有一个结果，那就是先发者“赔了夫人又折兵”。这正是模仿的威力和魅力之所在。

把事情放大，夸张到无法想象

夸张，也就是说一些言过其实的话，比如“他的嗓子像铜钟一样，十里地都能听见”。夸张，很容易让听者展开联想，从而产生幽默的效果。在生活中，我们经常把“夸张”的语言表达方式称为“吹牛”，所谓“牛在天上飞，人在地上吹”，说的就是这个道理。在日常交际中，或为了虚荣，或为了增强语言表现力，许多人都会把很小的事情夸大了说，这样不仅可以展现自己卓越的口才，还可以达到幽默的效果。

适度地夸张能使人或事物的形象或特征更加突出，给人的感觉更加强烈，从而使人受到话语的感染而投入更多的注意力。我们在讲话的时候，为了表达需要，于是在尊重客观事实的基础上，故意言过其实，夸大或缩小一些人或事物的某方面特征，这样形成强烈的对比效果。当你读到李白“飞流直下三千尺，疑是银河落九天”的诗句时，你就不能不用心去体会庐山瀑布那从天而降的磅礴气势，由于夸张手法的运用，让这瀑布的美震撼人心。适度的夸张是在某些方面“言过其实”，但是又需要有真实来作为基础，这样才有利于突出事物的特殊性，进而激发听众的想象，突出个性形象。

一个法国人、一个英国人和一个美国人在一起吹嘘他们本国的火车如何快。

法国人说："在我们国家，火车快极了，路旁的电线杆看起来就像花园中的栅栏一样。"

英国人忙接上说："我们国家的火车真是太快了！得往车轮上不断泼水，不然的话，车轮就会变得白热化，甚至熔化。"

"那又有什么了不起！"美国人不以为然地说，"有一次，我在国内旅行，我女儿到车站送我。我刚坐好，车就开动了，我连忙把身子探出窗口吻我的女儿，却不料吻到了离我女儿6英里远的一个满脸黑乎乎的农村老太婆。"

跟人交流的过程中，用夸张的说话方式给予巧妙暗示，极易产生特殊的幽默效果，既不伤双方和气，又能表明自己的看法和意图。另外，夸张制造出来的幽默通常会带有一定的讽刺意味。

有一次，马克·吐温乘火车到一所大学讲课。因为讲课的时间已经快要到了，所以他非常着急，可是火车开得很慢。于是，他想出了一个发泄怨气的好主意。

等列车员过来查票时，马克·吐温拿出一张儿童票给他。这位列车员也挺幽默，故意上下打量一番，说："真有意思，看不出您还是个孩子哩！"

马克·吐温说："我现在已经不是孩子了，但我买火车票时还是孩子呢，火车开得实在太慢了。"

火车开得确实是有些慢，但也不可能慢到让一个人从小孩长成大人。

马克·吐温想表达的是车速太慢，但他没有直接将自己的不满对乘务员抱怨，而是巧妙地对火车的缓慢程度做出了无限制的夸张，令人捧腹大笑，在相对轻松的氛围里委婉地提出了自己的抗议。

一个初学写作的青年，给马克·吐温写了封信，里面说：“听说鱼骨里含有丰富的磷质，而磷质最能补脑子，那么要想成为一个作家，就必须吃很多的鱼了。”他还问马克·吐温：“你是不是吃了很多的鱼，吃的又是哪种鱼呢？”

在回信中，马克·吐温告诉他：“看来，你要吃一条鲸鱼才可以。”

大家都知道，鲸鱼是最大的“鱼”，看来这里的夸张已经达到了极限，甚至让人觉得有些荒谬了，但这种幽默收到了良好的效果。

夸张本身就是荒谬的，当我们在讲述一件荒谬的事情时，那肯定是引人发笑的。夸张本身包含了不协调的因素，这就会产生强烈的幽默效果。当然，人们之所以会笑，那是因为他们知道夸张是不可能成为事实的，于是乎，才有了夸张后的想象与事实之间的差距，这样差别越大，幽默的效果就越明显。

有一天，国王觉得无聊，对杰克说：“如果你能讲一个我从未听说过的谎言，我会赏给你一百枚金币。”

“好吧，一言为定！”杰克说完开始胡吹。

“从前，我家有一头骡子。一天，它挣断绳子逃了出去。我四处寻找，哪儿都没有找到。过了几天，我从集市上买回一个大西瓜，拿回家切开一看，我那只逃出去的骡子竟躲在西瓜里给王后补破鞋子呢。”

国王听后，笑了笑说道：“这种谎言我听得多了，并不新鲜。你只不过把自己的妻子说成了王后而已。”

杰克又开始讲新的谎言：“一天，我和父亲乘坐的船在大海上航行。突然，遇到了一只海盗船。海盗追上了我们的船，我抢过了舵轮，把船开进了一条大鲸鱼的肚子里。海盗船也跟着追进了鲸鱼的肚子里。我悄悄对鲸鱼说：‘我们这条船大，你消化不了，那条海盗船小，你完全可以消化。’鲸鱼听了我的话觉得有理，就把海盗船吃掉，把我们的船给吐出来了。”

“这种吹牛的话我也听过不少，请你讲一个我从未听过的吧！”国王说道。

“好吧，那我就给您讲一个真实的事。一天，我在先父留下的一本书里，发现了一张借据。那借据是您的父亲也就是已故老国王亲笔写的，老国王曾经向先父借过一万枚银币。您现在应该把您父亲借我父亲的一万枚银币还给我。”杰克从容地说。

“杰克，你这是胡说八道！我可从来没听说过有这种事。”国王恼怒地喊道。

“对了，我讲的就是您从未听说过的，请您赏给我一百枚金币吧！”杰克笑了笑说道。

其实，夸张是幽默的一种修辞，一旦人们开始夸大事实，那就表示幽默回来了。夸张的作用是用言过其实的方法，突出事物的本质，或者加强说话人的某种情绪，以此来烘托气氛，引起听者的联想。通常情况下，夸张可以引起听者丰富的想象以及强烈的共鸣。在日常交际中，夸张是运用想象与变形，夸大事物的某些特征，说出惊人之语。

在运用夸张手法的时候，必须以客观实际为基础，在不失去真实感的前提下进行夸大或缩小，绝不能无中生有，信口开河，把事物过分夸大或缩小。另外，夸张还必须结合特定的目的与场合而用：如果在一些较为严肃的场合，就不宜用夸张的语句；如果在随意的场合，就可以灵活地运用夸张手法，以活跃气氛，增加谈话的趣味。

 巧妙打个比方，为幽默做一个华丽的包装

比喻，就是打比方，即以彼物比此物。在说明一个事物时，不是直接去说，而是通过描述或说明另一个事物来达到目的，这样用人们比较熟悉的东西来描述、解释人们不熟悉的东西，减少理解的障碍。

人生在世岂能尽如人意，生活中难免总是有许多无奈、愁苦与悲伤，但幽默而乐观的人，始终会在“一笑解千愁”的豁达心境中，秉持着“笑看天下古今愁，了却人间许多事”的生活态度，以一个个精妙比喻般的玩笑，应对风雨，迎接阳光。我国自古以来就有以精妙的比喻来引出幽默的传统。曹雪芹在《红楼梦》中有这样一段描述。

凤姐不知从哪里拿来了一碗鸽子蛋，放在桌子上，正对着刘姥姥。贾母刚说了一声“请”，刘姥姥便站起身来，高声说道：“老刘老刘，食量大如牛；吃个老母猪，不抬头！”说完自己便鼓着腮帮子不语。

众人乍一听先还发怔，后来想明白了，上上下下都大笑起来，其状可不一般。湘云实在撑不住了，一口茶都喷了出来。林黛玉笑岔了气，伏着桌子只叫“哎哟”！宝玉滚到贾母怀里，贾母搂着叫心肝！王夫人笑得用手指着凤姐儿却说不出话来。薛姨妈也撑不住，口里的茶喷了探春一裙

子。探春的茶碗都合在迎春身上。惜春离了座位，拉着奶妈叫揉揉肠子。

就此，我们足以看出精妙的比喻作为幽默笑话的神奇威力，它可以让别人开怀大笑，也可以让幽默的人以笑解愁，何乐不为。

生活中，我们也常有这样的体会，一个巧妙的比喻，可使笑语满堂，气氛和谐而轻松，让人忘却所有烦心事。比如，在旅游登山时，用一个不错的比喻，引出一阵嘻嘻哈哈，顿使人倦意全消，鼓劲前行。

恩格斯曾经说过："幽默是具有智慧、教养和道德上优越感的表现。"幽默能表事理于机智、寓深刻于轻松，给周围的人以欢笑和愉快。幽默运用得当时，能为谈话锦上添花，让人轻松之余又深觉难忘。

俗话说"人生不如意事十之八九"，尤其当我们身陷困苦时，要学会苦中寻乐，而幽默的比喻就是一种能让大家开心的行为，一个动作、一句话，你就可以让大家开心，也可以解决本来很难解决的事。

有一位诗人叫石曼卿，举止放荡，善于用诙谐幽默的比喻来制造幽默。

石曼卿喜欢骑马，有一次，他骑马游玩时，牵马人一时没有控制好马，把石曼卿摔下马来。侍从人员连忙把他搀起来，扶上马鞍。牵马人以为他一定会大发雷霆，痛骂或者惩罚自己。不料，石曼卿却慢悠悠地扬起马鞭，半开玩笑地对牵马人说："幸亏我是石学士，如果是瓦学士的话，岂不早被摔碎啦？"引得众随从大笑不止。

这样的幽默既显示出石曼卿是一个大度之人，同时也让他不失自己的面子。

运用精妙比喻的幽默，会让一个人有苦中作乐的精神。伤残疼痛，本来苦不堪言，可是有志之士、有识之人，同样乐观。当不幸袭来时，保持幽默感，一笑了之，就已经意味着胜利了一半。

比喻一般由本体、喻体和喻词三部分组成。本体是被比喻的事物；喻体是用来作比的事物或对象；喻词则是标明比喻关系的词语，如“好像”“恰似”“像……一样”等，如陕西某领导说：“从地图上看，陕西区域就像一个跪着的‘兵马俑’。在新的历史时期，我们要进一步激活它，让它跑起来。”这里，陕西区域就是本体，而“兵马俑”就是喻体，“像”就是喻词。

在莫里哀的喜剧《太太学堂》里，阿南解释人为什么“吃醋”，为什么生气。

阿南：“我给你打个比喻，你就清楚了。你端着一碗汤，来了一个饿鬼，要喝掉你那碗汤，你不但生气，还要揍他，你说对不对？”

尧：“对，这话我懂。”

阿南：“‘吃醋’完全跟这一样，女人确实就是男人的汤。一个男的看见别人有时候想尝尝他的汤呀，马上就大发雷霆。”

思想的对象同另外的事物有类似点，就用另外的事物来描述思想的对象，即用某一个事物或情境来比喻另一个事物或情境，这种打比方的修辞手法就叫作比喻。比喻之所以能制造幽默氛围，是由于它往往用意料之外、又在情理之中的话语使人获得“豁然贯通”的美感享受，或是混淆崇高与鄙俗的区别，使得情感郁积得到巧妙释放，从而转化为幽默。

我们讲话是为了阐述道理，要把那些生硬、枯燥的理论表述得生动具体，使别人印象深刻，这本来就不是一件易事。但如果能运用贴切的比喻，就能化难为易，几句简单的话就说明了深刻的道理，极具说服力。

来个措手不及，幽默才可让人眼前一亮

面对突如其来的状况，我们来不及思考，所以此时打破窘境的幽默不是深思熟虑的产物，而是随机应变、自然而成的结晶。幽默往往与快捷、奇巧相连，讲究出其不意、掩其不备。这样的幽默不仅使人眼前一亮，而且可以体现幽默者的智慧。

开往日内瓦的列车上，列车员正在检票。一位先生手忙脚乱地寻找自己的车票，他翻遍所有口袋，终于找到了。他自言自语："感谢上帝，总算找到了。""找不到也不要紧。"旁边一位绅士说，"我到日内瓦去过二十次都没买车票。"他的话正好被一旁的列车员听到，于是列车到日内瓦车站后，这位绅士被带到了拘留所，受到严厉的审问。"您说过，您曾二十次无票乘车来到日内瓦。""是的，我说过。""您不知道这是违法行为？""我不这么认为。""那么，无票乘车怎么解释？""很简单，我是开着汽车来的。"

这位先生的回答无可非议，他以前做过无票乘车者，但能巧妙地运用幽默为自己开脱，列车员也不能拿他怎么样，这就是幽默的力量。

一次，美国总统里根在白宫钢琴演奏会上讲话时，夫人南希不小心连人带椅跌落到台下的地毯上。正讲话的里根看到夫人并没有受伤，便说："亲爱的，我告诉过你，只有在我没有获得掌声的时候，你才应该这样表演。"台下顿时响起了一片热烈的掌声。

本来是一件令里根很尴尬的事情，此时如果埋怨或者置之不理都会令气氛更加紧张，但是一句幽默的话不仅将气氛还原，而且体现了里根的智慧。

都求“自然成文”为好，幽默也是如此。有准备的幽默当然能应付一些场合，但难免有人工斧凿之嫌。临场发挥的幽默才是最精粹、最具有生命力的，也是最难把握的至高境界。

幽默是一种生活艺术，是运用你的幽默感来增进你与他人的关系，并改善你对自己真诚的评价的一种艺术。幽默同时是一种智慧的表现，它善于打破常理，出其不意地解决问题，巧妙化解矛盾，使一些误会或者矛盾瞬间被澄清或者化解。这样的化解方式要比大打出手、争吵不休更体面，更能让人从心理上接受。

有了幽默，我们可以学会以笑来代替苦恼。借着幽默的力量，我们能随时将痛苦驱赶。幽默可以润滑人际关系，消除紧张，解除人生压力，促进感情的发展。它可以使我们和他人轻松相处，使我们获得益友，提高生活的品质。幽默还能使我们振奋，信心大增，使我们脱离许多不愉快的窘境。

不论你从事什么行业，身居何职，幽默都能助你一臂之力，使你的工作和事业更顺利地发展，使你的社会交往更为广阔。它能使你善于待人接物，广交朋友，帮助你解决人际关系的难题，教你学会如何摆脱窘迫的处境。尤其当你想以积极进取和乐观开朗的形象出现，赢得人们的欢迎和信任；当你想鼓励更多的人为实现共同目标而努力时，幽默就能发挥更大的作用。

有些修辞别具韵味，幽默让它回味无穷

其实，幽默本身就是玩文字游戏，而中国文化博大精深，即便同一个字、同一个词，在不同的情境中所表达的意思也是不一样的。因此，有一种幽默就是纯粹玩弄文字修辞，这样所展现出来的幽默是合情合理、出人意料的。在生活中，有的人说话比较啰唆，其实，假如啰唆的语言表达方式恰当，那也可以变得幽默。啰唆，在修辞学上，跟修辞格中的反复手法是类似的。比如，电影里的经典语言“人是人他妈生的，妖是妖他妈生的”，这样的话很啰唆，却起到了搞笑的作用，在周星驰的电影中经常使用到这样的文字修辞，以此达到幽默的效果。

有一对青年夫妇，结婚几年还没有孩子，两人都非常苦恼。有一天，他们在路上碰到老同学，说话间，老同学的儿子突然发问：“阿姨，妈妈说要把你的儿子给我做干弟弟，我什么时候才能见干弟弟呢？”

面对小朋友的问话，妻子十分为难，答吧，怎么答？不答吧，又下不了台。这时丈夫灵机一动，答道：“不在今年，就在明年；不在明年，就在后年……”几句啰唆话，不但帮妻子解了围，而且也没有使小朋友失望。

在生活中，我们经常会说某人说话很绕，假如在他的语言表达中还给人一种幽默感的话，那他就是啰唆了。本来只是一句简单的话，但他就是不想以简单的语言表达出来，而是绕过来、绕过去，结果让人听糊涂了，甚至，有时候还会让人一下子听不懂对方在说什么，等到自己完全明白过来，才忍不住发笑，这就是啰唆带来的幽默。

通常情况下，若是在书面文字中，我们是不主张啰唆的，因为重复的描述只会让人心生厌恶。然而，口头表达与书面表达毕竟是两种方式，当我们在进行语言表达的时候，适当啰唆，反而会增强语言的表达效果。比如，在一些送别、欢聚的场所，啰唆一下，反而让人感到亲切，让人感受到你对某种事情的重视。

杰克逊长得又矮小又丑陋，当他发现有人嘲笑他的时候，他会怒不可遏。

有一次，杰克逊正坐在饭馆里，进来了三个外国人，一位女士和两位先生，他们在旁边的一张桌子边坐下。杰克逊抬头一看，发现那位女士正同两个同伴耳语，而且那三个人打量了他一番便咯咯地笑了起来。

杰克逊的脸涨得通红，但他没有说什么，而是取出速写本，认真地画起画来。他一边画着一边不时地望着女士的眼睛，致使那位女士有些慌乱。她觉得她刚才嘲笑过的邻座正在给自己画像，心里很不自在。

杰克逊并没有让她的目光扰乱自己，满不在乎地继续画画。突然，其中一个男士朝他走过来说："先生，我不允许您画这位女士。"

"哎呀，这哪里是一位女士呢？"杰克逊心安理得地说道，并且把速写本递给他看。只见那位先生道了声"对不起"，便回到同伴那里去了。原来杰克逊画的是一只引颈高叫的肥鹅。

这个男士似乎不知道"鹅"在德语中可以作为骂人的意思，意为"蠢女人"。

在这里，杰克逊所使用的幽默是借代。这里说的借代与修辞学上的借代存在不同的特点，修辞学上的借代是用对象的部分取代整体，而幽默中的借代是直接用一种东西去指另外一种东西，恰恰因为这样，后者具有更大的灵活性，所产生的效果是出人意料的，这样才更容易显示出幽默。

有一年过半百的妇人问萧伯纳：“你看我有多大？”

萧伯纳答道：“看你晶莹剔透的牙齿，你只有18岁；看你蓬松的卷发，你只有19岁；看你扭捏的腰肢，你只有20岁。”

妇人听后很高兴，继续问道：“那你猜猜我到底多少岁呢？”

“我已经说了，加起来就是你的实际年龄。”萧伯纳回答道。

在这个案例中，面对萧伯纳的回答，这位妇人前后的心情形成了对比，而造成的反差恰恰就是我们想到的幽默感。对比这种修辞可以让人有意地把不相同的两个事物、概念或者本身对立的思想、观点，甚至是两种截然不同的行为综合到一起做比较，这样就会产生令人忍俊不禁的效果。

为幽默加上逻辑，“笑”果将不可预料

逻辑虽然是严密的，甚至在很多时候是严肃的，但假如我们能在严密的逻辑中使用幽默，那所产生的“笑”果将是不可预料的。毕竟，思维的转向，会让同一件事情产生诸多面，当我们站在这面看估计是正常的逻辑，一旦转向另外一面，那就成了混乱的逻辑。如此想来，岂不是很有趣？其中，有一种思维是呆板的，许多人会把同一种思维强加给不同情境中的人和事。毕竟，在现实生活中，不管是身边的人和事，还是具体的情境，我们都应该知道随着情境的变化，大脑的思维也要随之变化。但事实

上，当某些呆头笨脑的人总是喜欢保持惯有的思维，那定会笑料百出。

有一个学生，这天先生教给他“你、我、他”三个字，让学生用它们造句。先生举例说：“你，你是我的学生；我，我是你的先生；他，他是你的同学。”

学生回家后高兴地把这些告诉了父亲，并且指着父亲说：“你，你是我的学生；我，我是你的先生。”他又指了指他的母亲说：“她，她是你的同学。”

父亲听了很气愤：“我怎么是你的学生呢？我，我是你的父亲；你，你是我的儿子；她，她是你的妈妈。”

受了委屈的学生来到学校，责怪先先生：“您教错了，应该是这样的，你，你是我的儿子；我，我是你的父亲；她，她是你的妈妈。”

在这个案例中，孩子和父亲都差不多保持着一种思维，这样的思维只在特定的情境中才会发挥作用。随着情境的变化，他们不懂得语言的表达会随之发生变化，于是有了可笑的因素。

有一次，音乐家鲁宾斯坦在波士顿举办个人演奏会，演出的票在几天前就售空了。

这天演出前，一个自命不凡的贵妇人来到了后台，二话不说，就向鲁宾斯坦要票。鲁宾斯坦很瞧不起这种浅薄无礼的女人，便冷冷地说：“对不起，夫人，我现在只有一个座位了。”

“没关系，一个座位也行！”贵妇人喜出望外。接着，她又把头一扬，对鲁宾斯坦说：“不过，我想要的是一个前面的座位！”

“错不了，是前面的，而且绝对前面！”鲁宾斯坦一边说，一边用手指，“看见了吗？就是钢琴旁边的那个座位！”

案例中，那位自命不凡的贵妇人本来的目的是想看演奏会，然而，她的逻辑却是呆板的，当鲁宾斯坦说只有一个座位的时候，她并不会按照正常人的思维去想：这个座位在哪里呢？我是否可以坐在这个位子上？当她对座位的情况丝毫不清楚的时候，却说“一个座位也行”，完全把鲁宾斯坦的话理解错了。当然，直到最后，那位贵妇人才知道那个座位其实是演奏家的，如果自己坐上了这个位置，又看谁的演奏会呢？幽默感顿时生出，惹人发笑。

有一个老头，今年60多岁了，退休在家闲着没事。一天，他突然心血来潮，想为小孙女做个小板凳。可是非常不凑巧，老头请来的木匠是半路出家，又不肯认真学艺，活做得很糟。

木匠在老头家干了一整天，忙完了去向主人讨工钱。老头说：“你做的活太慢了。”木匠说：“你没听说吗？慢工出细活。”老人说：“你做的活不光慢，更重要的是质量太差，让我白贴了三顿饭。这样吧，就把这只板凳给你抵工钱吧。”木匠不干，分辩道：“别把人当傻瓜。几块钱我不要，谁会要你这个丑凳子？缝又大，板又斜，四只脚都不一样，能值什么？”

这是一个自相矛盾的幽默故事，众所周知，说话是不能自相矛盾的，这是逻辑思维得以成立的起码条件。当一些人说出自相矛盾的话，那就是智力低下的表现。不过，逻辑上的自相矛盾却能产生喜剧的效果。比如，一个人被妻子殴打，无奈只好钻到床下，妻子大喝：“出来。”丈夫说：“男子汉大丈夫，说话算数，说不出来就不出来。”这也是自相矛盾的幽默，对丈夫表现的气势大，实际胆小如鼠的行为进行了讽刺。

 用幽默设个圈套，荒诞之中还有笑料

幽默的方法有很多，其中有一种可以让人一时摸不着头脑，那就是巧设连环，请君入瓮。给对方设下一个圈套，让对方往里钻，上了你的当。这时你揭开了谜底，他恍然大悟，但是已经被捉弄了，幽默效果随即产生了。

一只皮球破窗而入，进了唐太太的厨房。不久，一个小男孩来摁门铃说：“爸爸一会儿就来给你装玻璃。”话音刚落，一个男子走上台阶，唐太太把皮球还给了那个孩子，孩子抱着皮球带着一脸坏笑走了。那人把玻璃换好后，说：“10块钱。”“什么，你不是他的爸爸？”唐太太问。“什么，你不是他的妈妈？”那人反问。

两个成人竟然被一个小孩子要弄了。这个孩子设计了连环圈套，先欺骗那位装玻璃的男子，说唐太太是他妈妈，又欺骗唐太太说那位男子是他的爸爸，这样经过欺上瞒下，伪造身份，既拿走了球，又摆脱了自己的困境，还逃避了赔偿。他通过自己的机智使两位成年人在茫然无知的情况下表演了一出滑稽可笑的闹剧。

IBM制造了一台测试智商的新机器，叫作“更更更深的蓝”，然后找来

了一个本科生、一个硕士生和一个博士生来检验。本科生把头放了进去，机器发出了一阵悦耳的音乐，说道：“恭喜你！你的智商是150，你是个天才！”硕士生把头伸了进去，机器平淡地说道：“你的智商是100，你是个人才。”最后博士生把头也伸了进去，机器叽里咕噜地响了一阵后说道：“不许往机器里乱丢石头！”博士生气愤极了，他找到管理员要求看程序的源代码，管理员满足了他的要求，博士生认真地检查并修改了程序，直到他满意为止。这一回博士生谨慎多了，他没有直接把头伸进去，而是先找了一块石头摆了进去。机器又是一阵叽里咕噜后：“啊！原来您是位博士，我真是有眼不识泰山！”

这台机器给人们设置了一个又一个的圈套，学历高的反而变成了被讽刺的对象，让人们无可奈何。当然这则幽默的意图是要告诉人们不要光看学历，能力才是第一位的，光有学历没有能力也是不行的，同时这里的荒诞产生了幽默效果，使得人们为之发笑。

一位牧师在讲坛上说教，马克·吐温对此十分讨厌，便想与其开一个玩笑。他对牧师说：“牧师先生，你说得妙极了，不过，你所说的这些我好像在哪本书上看到过，你说的每个字都在上面。”牧师听后满脸不高兴。“我绝对不是抄袭的。”他争辩说。“但是那本书上确实和你讲得一字不差。”马克·吐温说。“那你把书拿给我看一看。”牧师也感到费解。没过几天，牧师收到了马克·吐温邮寄给他的书，他迫不及待地打开一看，原来是一本字典。

圈套就是一种刻意设计的幽默的诡计。给对方设圈套是有讲究的，要针对对方的特点来制定策略。这个策略表面看起来很隐蔽，不会有漏洞，否则别人不会入套。这个幽默法不但能捉弄别人，从某种意义上说，这种幽默实质上是一种化解攻势的方法，既摆脱了困境，又创造了幽默，当然也有点“损人利己”，因为自己毕竟把“祸水”引向了他人，自己却坐收渔翁之利。

幽默既然算是一门艺术，艺术的表现手法也应该是多种多样的，所以选择适合自己的，和自己的好朋友开个玩笑很惬意，对攻击自己的人捉弄一下不为过，有时甚至有些黑色幽默的意味。

马修·温斯顿说过：“黑色幽默通常揭示生活的丑陋，并用讽刺的笔触加以批评。但不同于讽刺，无论是明的还是暗的，它不具备一套准则，以供人们对照作者所描绘的疯狂世界，它既不依赖于指导协调与适度的常识，亦不依赖于社会、宗教与道德的传统。这不等于说黑色幽默的读者没有准则，黑色幽默的作者也利用它们。读者的正义感使得作者能够令人震惊；读者的仁义感使得他能够叫人恐惧；读者的真实感使得他能够令人发指；读者对喜剧和小说传统的了解使得他能够凭借仿效以取悦。”

车尔尼雪夫斯基说过：“幽默，是对自己和其他人的嘲笑，一个人在幽默中允许自己打诨说笑。因为他认为自己是可笑的，也想描摹自己的可笑之处，他的戏谑大部分是挖苦揶揄，因为他感到了侮辱；而挖苦，则是受侮辱者的戏谑，刻毒的戏谑。一个幽默家在机智、嘲笑、诙谐以及装疯卖傻中可以变得如此难以辨认，那些不理解幽默的人竟然把他当作一个丑角，或者是个有点神经错乱的人，人们对哈姆雷特就是这样想的。然而他的装疯卖傻，其实是智者、哲人对人类弱点与愚蠢的嘲弄，他的笑，是对自己以及对人们的同情的微笑。”

第三章 初次见面，幽默让气氛变得十分融洽

幽默地自我介绍，让人难以忘记

在人际交往中，树立自身良好的形象是非常重要的，特别是第一印象对今后的关系发展起着举足轻重的作用。在我们与不熟悉的人第一次见面的时候，通常第一步要做的就是介绍自己。不论我们是主动地自我介绍，还是经过别人代为介绍，都不应当采取太冷淡或者太随便的态度。让人有一个印象深刻的自我介绍，是双方正式谈话时最为重要的一步，而幽默则是最好的“添加剂”。

在聚会场所，名字往往代表着每个人的独特性，因此在介绍自己的名字时，应该正确告诉对方你的名字的读音与写法。

有一位名叫“吴美金”的女士非常善于运用这种技巧，每次她都能给对方留下十分深刻的印象。每次她做自我介绍的时候，都会说：“我姓

吴，口天吴，名叫美金，美国的美，金钱的金，合起来就是吴美金。‘吴美金’也就是说‘我没有美金’，而并不是说‘我有美金’，希望大家美金多了能给我一点扶扶贫！”这席话经常会引来听者一阵大笑，这样一来，大家就对她的名字印象特别深刻。

美国政治家查尔斯·爱迪生在竞选州长的时候，不想利用父亲——大发明家爱迪生的声誉来抬高自己，于是，在做自我介绍时，他就这样解释说：“我不想让人们认为我是在利用爱迪生的名望，我宁愿让你们明白，我只不过是我父亲早期实验的结果之一罢了。”

还有一个年轻人在自我介绍时的幽默例子。

这个年轻人当上了董事长，在上任的第二天，他召集公司员工开会，这样自我介绍：“我是杰瑞，是你们的董事长。”接着，他打趣道：“我生来就是个‘领导人物’，因为我是公司前董事长的儿子。”

当然，若是遇到那些对你有恶意的人，你也可以在自我介绍时予以反击。

摩西·门德尔松是德国18世纪的大哲学家。

一天，他在柏林大街上散步时，不小心撞到穿军服的普鲁士军官。

军官冲他粗鲁地骂道：“笨猪！”

这时，哲学家微微弯了弯腰，彬彬有礼地说：“门德尔松。”然后扬长而去。

狗咬了人一口，人绝不会俯下身子去咬狗一口。大哲学家门德尔松面对粗鲁的军官，在不损自己大家风范的同时，又有力地回击了对方。

所以说，当你自我介绍时，不妨也稍微花点心思，把自己的名字或需要介绍的职位等事先设计一下，这样就能更容易让对方记住你。

幽默的人，绝不会成为社交场所的孤独天鹅

在现代社会生活中，人们的社交活动已经扩展到了很多场合。在一定程度上甚至可以说，凡是有人类生活的地方，就有社交活动。同样地，凡有社交活动的地方就少不了幽默。

从社交礼仪的角度来看，幽默的运用不仅会令人产生许多温馨的感觉，还能给人留下较为深刻的印象。

一位先生去看望一位小姐，保姆却对他说："不好意思，我家小姐要我告诉你，她不在家。"

这个人就说："没有什么，你就告诉她，我并没有来过就可以了！"

故事里这个聪明的先生就是采用了一种幽默处理法，以善意的话语说出了自己的心情，并且对女孩避而不见的做法表达出了不满。可以想象，当这位小姐听到这种客气的答话时，肯定会忍不住走出来与他见面的。

其实，从社交关系上来看，不论你是达官贵人还是平民百姓，都可以用幽默来获得意想不到的效果。

有一个城里人取笑乡下人，他对乡下人说：“喂，你是第一次进城吧？有什么感慨啊？”

“当然有呀！好像城市都是在田野里建起来的。”乡下人答道。

在现实社会中，每个人的人生态度都是不一样的，形形色色的人走在各自不同的人生道路上，形成了各自不同的人生观、价值观。应该提醒大家的是，要想潇洒地面对人生，就少不了幽默，这对任何人来说都不例外。

一天，居里夫人的一位朋友来到她家，忽然发现居里夫人的小女儿正在玩的玩具是英国皇家学会刚刚发给居里夫人的一枚金质奖章。朋友忙问居里夫人：“现在您能够得到一枚英国皇家学会的奖章，这可是很高的荣誉，怎么能让孩子玩呀？”

居里夫人笑着说：“我是想让孩子从小就懂得，荣誉就像玩具，只能玩玩罢了，绝不能永远守着它，否则就会一事无成。”

有人说，幽默是一种艺术，是用来增进你和他人的关系，并且改善你对自己的真诚评价的一种艺术。在现实生活当中，赞扬需要幽默，而指责更需要幽默，因为幽默能使指责传达出善意。

如果双方意见发生了分歧，其中一方的当事人用幽默的语言来暗示、责备，即使是调侃式的、半宽容的幽默语言，也能正确无误地表达出自己的责备之意，并达到不至于伤害对方的目的。这说明用幽默的方式传达给对方之后，对对方产生的作用并不完全在于这是些什么话语，而在很大程度上在于你给对方的是一种什么样的感觉。

在社交场合，用幽默讲讲笑话是可以的，但是也要视具体的环境、对象与氛围，注意把握分寸，采取适当的形式来表达出合适的幽默，这样才能收到好的效果。

其实，在现实生活中，有很多事情都会令人无所适从，通过一般的方法也是难以解决的。此时，人们往往采用幽默的方式，将自己所有的不满与不快都包含在幽默的话语中。

另外，幽默往往使其拥有者远远地胜出其反对者，真正的幽默高手应具有这样一种自制力，他可以在最恰当的时机给对手以沉重的、致命的打击，而不是仅仅产生一时冲动、急躁或未经深思熟虑的异常行为，以及愤怒、生气等。

用幽默还可以化解困境，回答比较疑难的问题，维护自己的利益，捍卫己方的尊严，同时又不伤害对方的面子，这是其他方法难以媲美的。

所以说，幽默是社交成功的法宝之一。我们可以充分发挥自己的聪明才智，巧妙地运用幽默的力量，通过成功的社交走上成功之路。

懂幽默，走到哪里都是笑声的中心

我们毫不怀疑幽默的力量，可以说，幽默会让你像明星一样受欢迎。在生活中，即便我们没有看见明星出场的真实场景，在电视上也一定见过不少，那些粉丝的欢呼声、喝彩声一片接着一片。虽然，在现实生活中，幽默的人也许不会受到这样热烈的欢迎，但是，受人喜欢倒是常事。现代社会，人际关系越来越复杂，许多人整天摆着的，不是“九点十五分”的扑克脸，就是“七点二十五分”的苦瓜脸，长此以往，财神爷也不会上门的，更别说身边的朋友了。我们经常强调“人生无处不销售”的概念，不仅仅销售商品，还要把自己推销出去，而且要销售出一个“好价钱”，让大家欣赏你、肯定你、欢迎你，想要认识你，希望跟你做朋友。当然，如果你正好是一个善于幽默的人，那你就可以在人际中享受明星般的待遇了。

某大学植物系有一位植物学教授，开的尽管是比较冷门的课程，不过，他的每堂课教室几乎都爆满，甚至许多同学愿意站在走廊里旁听。当然，并不是因为这位教授所具备的知识和资历有多渊博，而在于他的幽默感风靡了全校，使得越来越多的同学都喜欢上这位教授的课。

有一次，这位教授带领学生们去一个原始山脉森林做校外实习，这一路上看到了一些叫不出名字的植物。对此，学生都好奇地问教授：“这是什么？”教授都一一解答。听着教授详细的讲解，一位女同学忍不住停下脚步，对教授赞叹道：“老师，您的学问好渊博哟，什么植物都知道得这么清楚！”这位教授回过头来，眨了眨眼睛，笑着说：“这就是我为什么故意走在你们前头的原因了，只要一看到不认识的植物，我就‘先下脚为强’赶紧踩死它，以免露怯！”学生们听了都笑得前仰后合。

从这个小小的故事中，我们就可以知道为什么这位教授如此受学生欢迎了。他在课堂上，常常开个小玩笑，幽默一下，而这就是他广受学生欢迎的原因。当我们将严肃放在一边，学会幽默，我们也可以成为一个受欢迎的人。

有一次，英国首相、陆军总司令丘吉尔去视察一个部队。由于刚下过雨，路很滑，他在临时搭起的台上演讲完毕下台阶的时候，不小心摔了一个跟头。士兵们从未见过自己的总司令摔过跟头，都哈哈大笑起来，陪同的军官惊慌失措，不知怎么办才好。

没想到，丘吉尔微微一笑说："这比刚才的一番演说更能鼓舞士兵的斗志。"最后的确如丘吉尔所戏言的，士兵们对总司令的亲切感、认同感油然而生，更坚定地听从总司令的命令，英勇战斗。

不管你是善用幽默化解尴尬，还是善用幽默制造气氛，但只要你是一个具备幽默感的人，就必定是一个受欢迎的人。因为幽默的人是快乐的，他所能带给我们的也是快乐，而谁也无法拒绝快乐。

幽默，可以使人与人之间积极交往，可以降低紧张感，制造轻松的气氛；可以帮助人找到冲突和情绪困扰的原因；可以用安全不带威胁的方式表达内心的冲突。在生活中，那些具有幽默感的人，他们往往可以挖掘出事情有趣的一面，可以欣赏到生活中轻松的一面，从而形成自己独特的风格和幽默的生活态度。这样善于幽默的人，容易让人产生亲近他的念头，这样的人会使那些接近他的人也感受到轻松愉快。当然，这群幽默的人总是那么受欢迎，走到哪里都是中心和焦点。

在沟通中融入幽默的元素，聊天永远是愉快的

美国心理学家赫布·特鲁说："幽默可以润滑人际关系，消除紧张，减轻人生压力，使生活更有乐趣。它把我们从个人小天地里拉出来，使我

们一见如故，寻得益友。它帮助我们摆脱窘迫和困境，增强信心，在人生的道路上知难而进。”所以，我们说幽默是一种十分奇妙的沟通力，只要在一次沟通中融入了幽默的元素，那这次沟通就是愉快的、令人愉悦的。或许，我们不知道，幽默可以建立良好的沟通力，从而帮助我们解决生活中的一些难题。在日常交际中，一个卓越的沟通家或许不是最会说话的人，但是，他善于运用幽默，透过幽默的表达方式，能够让听众更容易接受他所表达的意思。幽默本身就有一种神奇的令人感到快乐的力量，因此，我们也说，幽默是一种奇妙的沟通方式。

王蒙先生不单单是一个作家，而且还是一个出了名的幽默大师，在他的许多文学作品中都蕴含着幽默、诙谐、辛辣、豁达的语言。

有一次，王蒙先生应邀到上海某大学演讲，当时台下同学的积极性并不是很高，于是，风趣的王蒙先生便以幽默的方式开了头，他一开始是这样说的：“由于我这几天身体不太好，感冒咳嗽，不能多说话，还请大家谅解。不过，我想这不一定是坏事，这是在时刻提醒我——多做事少说话……”他的这句幽默的开场白立即把台下同学的情绪调动起来了，于是，台下的同学纷纷竖起耳朵，打起精神来听王蒙先生的讲座。他在整个演讲过程中，诙谐的语言不断，台下的掌声也不断。

当王蒙先生提到读者与作者的关系以及如何更好地把握一部作品的时候，在台下同学看来本来是一个严肃的话题，王蒙先生却以风趣的语言做了这样的解说：“……我希望大家在评论一部作品时，不要轻易下结论，要反复地多读几遍，读懂、读透。千万不要像有些人那样，看到我走路先迈左脚，就说‘王蒙犯了左倾主义’；看到我先迈右脚，又说‘王蒙犯了右倾主义’；如果我因为感冒咳嗽用手绢擦了擦流出的鼻涕、眼泪，他就喊‘王蒙现在又沮丧、颓废啦’……”听到如此犀利、生动的诙谐语言，充满了幽默感，台下昏昏欲睡的同学的热情被点燃了，在王蒙先生结束演讲之后，许多同学还对他恋恋不舍，想再听他讲一次。

在日常交际中，幽默就像必不可少的调味剂，如朋友聚会、结伴旅行，当大家都感到疲惫或长时间静坐无语的时候，这样的气氛是让人感到沉闷和难受的。这时，假如一个充满幽默感的人说了一句笑话，一定可以改变当时的气氛，从而带来快乐，让人们忘记暂时的疲惫和烦恼。若是在朋友聚会中适当开个玩笑，那也可以营造一种活跃的气氛，让彼此的友谊更加坚固长久。

众所周知，乱丢垃圾是一个让人十分头疼的问题，不过，荷兰一座城市却采用了一个十分有趣的方法，从而使这座城市变得非常干净。这个城市曾采用增加罚金和加强巡视的方法，不过这样所起到的作用是很小的。后来，城市管理者想到了一个方法，那就是在垃圾桶上装一个录音机，让垃圾桶与那些乱丢垃圾的人“说话”，每当垃圾被倒入垃圾桶之后，垃圾桶就会说一段笑话，不同的垃圾有不同的笑话，用这样的方式来吸引更多的人自觉地倒垃圾，当然，效果不言而喻。

类似的幽默在美国也有。在美国街头，当垃圾被扔进一些垃圾桶的时候，垃圾桶就会说：“好吃，好吃，再给我吃点。”幽默的神奇之处在于，当我们善于用幽默表达意见时，更容易被人接受，这样一来，彼此的沟通自然更加顺利。

 幽默，是缩短人与人之间距离的最有效方式

幽默往往以使人愉悦的方式表达人的真诚、善良和大方，它就好比架设在人与人之间的桥梁，有效地拉近了人与人之间的距离，消除了人与人之间的隔阂。幽默的力量是不容小觑的，在现实生活中，有可能仅仅是一句风趣的话，就可以令身边的人对自己刮目相看。当然，我们不能过分地夸大幽默的作用，但幽默最大的特点就是能够使人感到快乐。可以说，幽默是人类独有的特质，是智慧的体现，因为它可以化解人与人之间的许多冲突或尴尬，可以化怒气为豁达，同时还会给身边的人带来许多快乐。那些富于幽默感的人走到哪里都会受人欢迎，因此我们可以说，幽默能够缩短人与人之间的距离。

美国第16任总统亚伯拉罕·林肯举办过一场让人津津乐道的演讲。策划者在那场演讲中安排了一小段时间进行自由提问，由听众把问题写在纸条上递给林肯，由他念出来后再予以回答。当打开最后一张纸条时，林肯发现上面竟然只有两个字——傻瓜。

林肯略微一怔，还是微笑着将这两个字公之于众。台上台下顿时都议论纷纷，暗自揣测一向以亲民著称的林肯将怎么收场。只见林肯不紧不慢地接着说道："本人收到过许多匿名信，全部都只有正文没有署名；今天却恰恰相反，这一张纸条上只有署名，而缺少正文！"

面对如此挑衅的纸条，林肯没有暴跳如雷，而是用一个小小的反讽幽默将自己的机智和从容展现在人们面前。同时，他也借助这个幽默把快乐带给了自己的支持者。能带来欢乐的人当然更容易得到大家的喜爱和认

同。由肯定林肯的演讲开始，人们慢慢肯定林肯的为人，进而被林肯特有的魅力所感染，这就是小小幽默所产生的强大的影响力。

幽默是什么？幽默就是快乐，无比的快乐。幽默带给我们最多的就是快乐，生活中，只要我们稍微动动脑筋，可以说人生处处充满了幽默，处处充满了欢声笑语。幽默的力量，不仅仅是化解困境，更关键的是在化解尴尬的同时能带给我们快乐。人生就好比一张白纸，我们可以乐观地在这张白纸上画出美丽的图画，也可以悲观地画出沉闷的基调，不过，只要我们心怀阳光，乐观积极，我们就可以用幽默来驱散内心的不快，把自己变成一个无比快乐的人。

一位年轻人骑着新买的摩托车在大街上闲逛，不料，“咣当”一声，那崭新的摩托车撞上了小轿车，幸好人没事。小伙子一边察看那辆崭新的摩托车被撞后的残骸，一边对围观的人说：“唉，我以前总说，有一天能有一辆摩托车就好了。现在我真有了一辆车，而且真的只有一天。”围观的人听了，都哈哈大笑起来。

在这个小故事中，对这位年轻人而言，自己的摩托车被撞已经是无法挽回的事情了，但天性乐观的他并不把这件事放在心上，而是善用幽默的力量，这样既减少了自己的痛苦和内心的不愉快，同时还给围观的人带来了快乐。

幽默的特点是机智、自嘲、调侃、风趣，等等，幽默不仅能给我们带来快乐，同时还可以消除敌意，缓解摩擦，化解矛盾。可以说，在日常交际中，那些富于幽默感的人，通常会拥有好人缘，较快缩短人际交往的距离，从而赢得对方的好感和信赖，而那些缺乏幽默感的人，则会在一定程度上影响交往，而且会使自己在别人心目中的形象大打折扣。我们可以判定，具有幽默感有助于一个人的身心健康。在日常交往中，我们要善于主动交际，扩大交际面，与人为善，主动帮助他人，从而体验幽默的乐趣。

女人可以不漂亮，但说话一定要“漂亮”

幽默的语言往往能产生“四两拨千斤”的力量，获得举重若轻的效果。尤其对于女人来说，幽默的语言表达更是一种致命的吸引力。在与人交际的过程中，当你看穿了别人的想法又不便于直说的时候，不妨使用幽默的语言，相信这肯定能达到预期的交际效果。幽默的语言表达是女人成功社交的捷径，也是一种赢得好感的方法。幽默的语言能够帮助女性与他人建立和谐融洽的关系，赢得他人的支持与欣赏。在生活中，一个女人无论从事什么工作，无论身处何种地位，都免不了与人交往。而幽默的语言则是交往中的一把金钥匙，不仅能帮助女性更好地与他人进行有效的沟通，还能大大地提升她们的形象魅力以及亮丽风采。

有人说：“幽默是一种人生态度。”幽默的语言能使紧张的气氛顿时变得轻松活泼，能让他人感到善意，这样表达出的观点更容易被对方所接受。在日常生活中，幽默的语言风格无处不在，它成了人际交往的调节剂。在每年的文艺晚会上，相声小品之所以一直是观众最喜欢的节目之一，就在于它的表现形式离不开幽默的语言，那幽默的语言风格强烈地感染着每一位观众。幽默本身就具有一种特性，一种令人愉悦的特性，一旦女人获得了这种特性，就会变成最受欢迎的女人。

索菲利亚用午餐的时候，一位老妇人走向她的餐桌，举起手摸了摸她的脸庞，老妇人带着歉意说："我看不出它有多好。"索菲利亚风趣地说："省省你的祝福吧！我看起来也没多好看。"

索菲利亚用幽默的语言打破了双方的尴尬局面。聪明女人要想在交际场合给人留下一个好印象，就要善于运用幽默的语言，无论处于什么样的交际场合，幽默的语言都是我们用心积累的。你要明白，一个面带怒容或神色抑郁的女人，永远不会比一个面带笑容、说话风趣的人更受欢迎。

一句得体俏皮的话，立即缩短了你和对方之间的心灵距离，并获得好感；几句应付难题的机智回答，会让自己摆脱困境，并展示美好的自我形象，获得对方的赞美。当然，如此的语言风格不仅需要幽默，更需要得体，这样才能收到良好的效果。

一次，一位女钢琴家在美国迈阿密州的福林特城演奏，结果发现到场的观众不到五成。这让她既失望，又尴尬。但她并未因此取消演奏，而是以幽默的语言打破了僵局。女钢琴家微笑着走上舞台，对前来的观众说："我想这个城市的人一定很有钱，因为我看到你们每个人都买了两三张票。"话音一落，大厅里立即充满了笑声。

这位女钢琴家的幽默就在于她对空座位的原因的解释虽然荒诞，却很奇妙。如此幽默的语言表达让观众少了沮丧，多了喜悦。有时候，说话荒诞一些，风趣意味就会强一些。在日常交际中，我们可以通过场景来发挥幽默语言的表达技巧，戏谑是一种无攻击性的语言表达技巧，开个机智、哲理的玩笑，目的就是增加你给对方的亲切感。

一个女人，可以不漂亮，可以不可爱，可以不时尚，但必须学会幽默。如此，你才能进入更多人的视野，才能更好地展现自我，被更多的人所熟知、所欣赏。幽默的语言是一个女人致命的吸引力，与这样的女人交谈，无论多久，你都不会厌倦，因为你在交谈过程中感受到了前所未有的愉悦。

初次见面，幽默也得有些分寸

对于善用幽默的人而言，幽默的元素随手拈来，不过，这样的本事并不是每个人都有的。我们要想在日常交际中有效地使用幽默，那就需要具备一定的智慧，比如，一个才疏学浅、举止轻浮、孤陋寡闻的人是难以生出幽默感来的。幽默应该具备这样一些能力：渊博的知识和丰富的社会经验，敏锐的洞察力和丰富的想象力，积极乐观的心态，良好的文化素养，良好的语言表达能力。即便具备了这些能力，幽默也不是你想用就能用的。幽默是人际交往的润滑剂，对此，我们更应该恰当地运用幽默，这样才会让彼此之间的沟通更加顺利。

萧伯纳在青年时已经学会了使用幽默，不过，因为他总是滥用幽默，出语尖酸，大家一听他说话，便有一种难受的感觉。

有一次，一位朋友在散步时对萧伯纳说："你现在常常出语幽默，不错，非常风趣可乐。但是大家认为，如果你不在场，他们会更快乐，因为他们都感到自己比不上你。有你在，大家便都不敢开口了，你的才干确实比他们略胜一筹，但这么一来，朋友们将逐渐离开你，这对你又有什么益处呢？”听了朋友的话，萧伯纳醒悟了，他慢慢地改掉了滥用幽默的习惯，使自己成为更受欢迎的人。

幽默也是有“禁区”的，那就是不得滥用幽默。幽默是我们生活中的调味剂，它可以让我们的生活更加有滋有味。不过，即便再好的调味剂也不可滥用，就好像我们生活中经常用到的盐，适量可以让菜更加美味，若是放得太多则会令人难以下咽。在日常交际中，我们要恰当运用幽默，这样才可以最大限度地发挥它的功效。

有一次，小王看见女同事穿着一身漂亮的新衣服来上班，就开玩笑说：“今天准备出嫁吗？”其实这是一句赞美之词，只是这话说得委婉了一点，调侃了一点。

令小王没有想到的是，这位女同事有点神经质。当她听到这句话时，怒不可遏道：“你骂人！难道我离婚了，难道我丈夫不在了？”接着又是一通谩骂。

小王万万没有想到，自己颇为得意的幽默竟然换来对方不堪入耳的污言秽语，导致出现如此难堪的结局。小王百口莫辩，只好道歉了事，后来每当小王说到这件事情都会苦笑不已，因为那位女同事到处说小王是一个“二百五”。

看了这个故事，你应该明白：幽默不是对谁都可以用，幽默不是随处都可以用的。没有幽默感的人是可悲的，而幽默错了对象，同样是可悲的，甚至更加可悲。幽默用错了地方，只会变得一文不值。

当我们想幽默一把的时候，首先应选择内容健康、格调高雅的话题，不仅给对方启迪和精神的享受，而且也可以塑造自己美好的形象。其次，我们还应该保持友善的态度，开玩笑的过程其实就是互相交流感情的过程，假如借着开玩笑对别人冷嘲热讽，即便你表面上占了上风，也会给别人造成一种不受尊重的感觉。最后，我们开玩笑的时候，还需要注意区别对象，同样一个玩笑，你可以对这个人开，但不一定适合对那个人开，因为一个人的身份、性格、情绪不一样，他们对玩笑的承受能力也不尽相同。

通常情况下，作为后辈不应该与前辈开玩笑，下级不宜与上级开玩笑，男性不宜与女性开玩笑。假如我们只是同辈开玩笑，那就需要掌握对方的性格特征与情绪。假如对方性格外向，善于容忍，即便玩笑开过了也可以得到对方的谅解；假如对方性格内向，开玩笑就需要慎重。总而言之，我们需要恰当运用幽默，这样才能尽情绽放幽默的魅力。

谈吐幽默，你的个人形象更加光辉

对于展现一个人的风度而言，语言是一面很重要的镜子。在与人交际时，如果能做到谈吐幽默风趣，就能为个人形象加分，从而让你更容易交到朋友，并增进人际关系的和谐。

生活中，话语中带些幽默感能够让朴实无华的表达更富变化，并给人带来一份惊喜，使听者在交谈时感觉到自己的良好风度，从而产生交友的愿望。幽默，既能够锦上添花，也能雪中送炭。

李雪健因为扮演焦裕禄，同时获得了中国第八届电影金鹰奖以及《大众电影》第十四届百花奖最佳男主角。在颁奖仪式上，他面对现场观众说："苦与累都让一个好人焦裕禄受了，名与利都让一个傻子李雪健得了。"这风趣并有内涵的话语立刻博得如雷的掌声。

李雪健独具匠心的致谢辞体现了他的良好素质以及谦逊的品格。他并没有像别人那样来一通感谢导演或家人之类的感言，而是用幽默的言辞揭示了演员同角色的对应关系，同时表达了自己最真实的感受，获得观众们的共鸣，从而博得大家的喝彩与尊敬。

通常，那些有风度的人可以较好地克制个人的情绪波动，从而保持自己的仪态，显得落落大方。在生活中，只要我们多注意，就能发现不少有风度的人物，在这些人身上散发着一种独特的魅力。即便是在一些很小的场合，这些人也能够充分地展示出他们的良好素养。

美国人大都非常幽默。有一位美国顾客在喝咖啡时看到杯子里有一只苍蝇，于是他喊来服务生，和颜悦色地对服务生说："你好，尽管我认为在颜色单调的咖啡里加一些点缀是个不错的主意，不过你应该把苍蝇和咖啡分开来放，这样可以让那些喜欢的人自己添加。你觉得这个主意如何？"服务生立刻愧疚地连连道歉。

这位美国人并没直接数落服务员，而是用幽默的言语委婉地批评了对方，这样的方式柔中带刚，既让对方易于接受，也不损害自身的形象。这种随机而生的幽默智慧的确令人叹服。

在正式场合，就更应该注意自己的风度了，特别是那些公众人物，因为自身形象的好坏对公众影响巨大。无论是面对多么不利的境地，公众人物都应权衡利弊，尽可能地创造一个轻松的谈话环境，缓和紧张情绪，从而保持轻松平和的心态与风度。

布什总统有一年曾到某个国家出席一次新闻发布会，当他正在台上演讲时，居然有一位记者向台上的他投掷了两只皮鞋，以表达自己对美国人的极端愤怒和厌恶。

经过短暂的惊愕，布什总统很快恢复平静，并且很幽默地开口说道："我能报告大家的就是，这鞋子是10码的！"

在这里我们不谈国与国之间的是与非，在如此境遇之下，布什总统表现出来的良好风度，是非常值得我们赞赏的。假如他因为此事发狂，只会成为各国媒体的笑话，但他用幽默机智的话语，不但消融了此次风波，更展现了自己作为一个国家领导人的良好风度和优秀素养。

很多名人都懂得如何在日常生活中运用幽默口才，特别是在自己遭遇尴尬或灰心失意的时候，用幽默帮助自己恢复快乐的心情，体现了良好的个人风度。

不做作，让幽默与你融为一体

俗话说，"师父领进门，修行在个人"，模仿与学习只是开始而非结束。若想把幽默锻造成个人品性中的一把利器，只有将幽默和个人特点融为一体，自成一家，才能所向披靡、战无不胜。

我国明末清初的戏曲家李渔曾经说："妙在水到渠成，天机自露，我本无心说笑话，谁知笑话逼人来。"这句话说的就是幽默的最高境界——

真实自然、不做作。不过要想达到这种水到渠成的效果，需要把幽默融入个人品性之中才能做到。假如一个人能充分消化吸收技艺性的幽默，并同时结合个人特质，形成独具匠心的个性化幽默，就可以逐步形成融合了个人特色的幽默风格。

说起幽默，它并没有什么好或者更好之说，因为适合自己的就是最好的。

美国前总统柯立芝最初的职业是律师，这让他形成了严谨的处事风格。当然，并非严肃的人就不懂得幽默，柯立芝在当选总统后，他的谨言慎行也不能遮盖他那极富讽刺色彩的幽默风格。

因为柯立芝素日沉默寡言，很多人就以能和他交谈为荣。有一次宴会上，一位夫人坐在柯立芝总统身边，她想方设法要让柯立芝和她多聊几句。她说：“柯立芝先生，我跟别人打赌，我一定可以从你嘴中引出三个以上的字眼来。”柯立芝立刻回答道：“你输了！”

还有一次，一位社交界的名媛和柯立芝并肩而坐，她口若悬河地高谈阔论，柯立芝却一言不发。她只好对柯立芝说：“总统先生，您过于沉默寡言了。今天，我一定要设法让您多说几句话，至少得超过两个字。”只听柯立芝总统咕哝着说：“徒劳。”

这便是柯立芝的风格，不鸣则已，一鸣惊人，他在保持自己风度的同时，还透露出潜在的幽默。

文学大师钱锺书先生也同样具有个人风格鲜明的幽默，他的幽默经常引经据典，体现出一种独有的大智慧。他的许多幽默段子简直是神来之笔，就像小孩子般顽皮，天真自然。就以他的作品《围城》为例，俯拾皆是风趣和幽默。

书中提到：“房子比职业更难找，满街是屋，可是轮不到他们住。上海仿佛希望每个新来的人都像只带壳的蜗牛，随身带着宿舍。”

当调侃方鸿渐购买假文凭时，钱锺书写道：“这一张文凭，仿佛有亚当夏娃下身那片树叶的功用，可以遮羞包丑。”

钱锺书的幽默无不浸透着思想以及文学的气息，充溢着关于人性和社会的真知灼见，令读者一边大笑一边沉思。他的幽默符合他文学大师、语言大师的身份，每个字词都充满了他对人性的态度和对当时男男女女的嘲讽，这些都已成为其独特的标签，无人可以超越。

马克·吐温也是一位幽默大师，他在生活中的行为举止就如同他的小说作品中刻画的人物，在怪异中显露出幽默与讽刺。

马克·吐温日常穿着非常随意，其妻常为了他外出做客时不穿衣领、不打领带而发牢骚。有一天，马克·吐温照旧这样外出归家，妻子依然对他的服装唠叨抱怨起来。

马克·吐温实在忍不下去了，他找出一只领子和一根领带，并且认真包起来，然后派人把它们送到刚才做客的朋友家去，并附上了一张纸条。纸条上写着：“在刚才拜访您的半小时中，我没有穿衣领，也没打领带。现特地送上这两样东西，请您对着它们看半小时，然后再给我送回来。”

看得出，他是不满夫人的抱怨和唠叨，因此使用这种幽默的方法来解决问题。也许他的小说中能够充满幽默，根源就在于他自己的生活。

在当代社会，凡事都讲究包装以及推销自己，这就需要提高自己的辨识度，并且最大限度地让自己的一切个性化。幽默也是一样，就像借来的东西最后得还回去，只有达到“一切都是我的”之境界，才能称得上真正的“幽默达人”。

中篇

站上职场的舞台，幽默使你成为全场的焦点

第四章 玩转幽默，职场之中你就是达人

幽默助你左右逢源，职场之中春风得意

现代社会中，环境瞬息万变，速度和效率的地位急剧攀升，因而职场人时常感受到一种莫名的心理压力和焦虑，而幽默则是职场中最好的“减压阀”。幽默不仅能使身处职场的我们心情变得轻松愉悦，谈笑风生，笑口常开，而且有助于我们在同事中左右逢源，事业成功。因此，身在职场应该懂得幽默的表达艺术。

很多有眼光、有见识的公司经理、老板都喜欢提拔那些能自我解嘲、改善环境、创造欢乐气氛的人。因为这些人容易取得其他员工的信任，让大家乐于接受他们的看法和思维。有一家大公司的总裁曾经说过：“我专门雇用那些善于制造快乐气氛并能自我解嘲的人。这样的人能把自己推销给大家，让人们接受他本人，同时也接受他的观点、方法和产品。”如今，在招聘员工的时候，越来越多的大公司都倾向于那些具备幽默感的

人才。

恰到好处的幽默能消除同事之间由于误解而可能爆发的指责和争执，为职场关系的良好发展提供动力。如果想在工作中不断进取，那你就应该很好地体味下面所说事例的深层含义。

弱者通常被人们看不起。有一个男职员，他所在的公司被另一家大公司吞并，巨大的人事变动打乱了他的平静生活，使他感到很不如意，新同事对他也没有好感，办公室关系很不协调。有一天，这名职员又拖了后腿，他故作悲哀地说："我看大家都愿意看我被辞退，因为无论什么事情我都是落在最后。"

谁知这句话收到了意想不到的效果，因为自嘲，他获得了一次跟新同事们大笑的机会。如此一来，虽然他真有拖拉和办事效率低的毛病，但同事们看到他有着诚恳的自我评价态度，便对他产生了信任和亲近的感觉。

正是，幽默感帮这位职员和大家建立了友好善意的共事关系。

某大公司里的一位部门主管每天都在想一个问题："部门内的人是不是真正喜欢我？"

一次，他从外面走进办公室，发现手下的职员们正聚在一起聊时事，可是一见到他就马上匆匆忙忙奔向各自的办公桌。这位主管没有大发脾气，也没有表示任何的不满意，只是说了一句："看来你们对时事的了解也没有多么深入嘛。"

这句话却产生了很好的效果。原来，这个主管过去总是板着脸训人，总是用"不许偷懒""工作时间不准娱乐"之类的话批评别人。这次他小幽默了一下，使职员们发现他原来也有不为人知的爱说笑的一面。同时他也认识到，只要自己能和大家一起欢笑，那么自己也一定能得到所需的东西，即跟大家建立良好的工作关系。

要在事业与工作上获得成功，免不了会遇到一些障碍，更免不了要付出代价。假如让你担任领导，与他人协调工作，你会发现跟发挥个人的才能相比，处理众多的人事问题要困难得多。除了要有献身精神外，你还得不断鼓舞众人的士气，帮助大家解决工作上的困难，取得成员的信任和拥护，不然你就会一事无成。此时，幽默的力量可以帮助你接受挑战，并且在实践中获得成功。幽默能告诉你如何轻松地对待挫折和失败，如何通过取笑自己来和众人沟通。

罗克尼是著名的足球教练，在一场比赛中，他曾运用幽默的力量，使自己所在的诺特丹球队反败为胜。

球赛进行到上半场结束时，罗克尼的球队比威斯康星队落后了两个球。在休息室中他一直保持缄默，直到要上场比赛之际，他大喊道："好吧，姑娘们，我们走吧！"这句话逗笑了全体队员，也传达了严肃的信息。

借助幽默的力量，罗克尼重振球员的士气，帮助他们忘记艰难的处境。他的幽默甚至还帮助球员们克服这种困境，最终，诺特丹队以3：2赢得了比赛。

在事业和工作的路途上，我们会遇到一个又一个障碍，其中最常见的就是人们在心理上对新的工作感到难以适应。究其根本，很大程度上来自对人际关系的忧虑。当然，挑战和困难实际上也是一种机会。要知道，获得成功是要付出代价的，比如学着把自己的某种能力和专长放在一边，在跟同事的交往上多下功夫。可能你是世界上最好的教师、职员、工人，但是让你当校长、经理或其他负责人的时候，你也许就会感到不能胜任，从而陷入困境。因为处理众多的人事问题比发挥个人的才能更有难度，举个例子，你成为领导者后，不仅在工作中要有献身精神，还要帮助大家解决具体问题，得到下属的信任和拥护，否则你很难有所作为。所有这些挑战，你应该当成是获得了某种机会。机会是前进的动力，学会幽默，你就可以更轻松地接受挑战，并且在实践中获得成功。幽默能使你坦然对待挫折和失败，从而使得自己和同事建立良好的工作关系。

幽默犹如清新剂，最能给办公室带来愉快的气氛

兰卡斯特大学的组织心理学教授卡里・库珀曾说：“懂得在恰当的时候逗一逗乐子，能让人们知道你很坦诚、可爱，而不是什么像机器人一样的技术专家，如果你仔细观察他们，会发现许多首席执行官都知道应该什么时候打出幽默这张牌。”在日常工作中，要让大家开心，同时让大家喜欢自己，那最简单的办法就是让他们发笑。毫无疑问，在工作场合展现一点幽默会有助于我们的职业发展。幽默是影响他人的绝妙方法，也是营造办公室和谐氛围最有效的空气清新剂。有时候，忙碌了一天，身体已经疲惫不堪了，假如这时同事面面相觑不说话，那办公室里肯定充满着严肃而窒息的气息，这时不妨开个玩笑，说几句幽默的话，自然会为办公室营造良好的工作环境。

有一次，小周带儿子到公司来玩，那孩子特别调皮，来到办公室就玩上了电脑，没想到几秒钟的工夫就把电脑的鼠标摔坏了。小周十分生气，抬手就给孩子一巴掌，那声音很响。这时40岁的张姐“噌”地跳起来，指着小周的鼻子大叫：“你干吗打孩子，你的手怎么这么欠呢？”这一大嗓子，办公室的人都懵了，小周这个愣头青更是气得不行了，这时又见张姐指着孩子，不依不饶地说：“你知道你这一巴掌起什么作用吗？这孩子原本可以当大学教授，就这一巴掌，把个好端端的大学教授打没了。”听了张姐的话，周围的同事哈哈大笑，小周也乐了，说道：“大学教授？他有那个脑袋，太阳就得打西边出来了，张姐你可真会说话。”

事后，张姐对同事小李说：“我是见不得打孩子，但话一出口，也觉得冒失了，可又不好意思把话收回去，于是就来了个脑筋急转弯。”

在这个案例中，如果张姐当时只说了前面那句话，那小周肯定会气得大骂起来，毕竟着急的张姐确实说了一句冒失的话。不过，好在幽默的张姐急中生智，说出了后面的那句话，不仅化解了难堪，而且使办公室重新回到了和谐的状态。除此以外，幽默对于提高工作效率也是很有帮助的。

公司有一位主管，中年有为，风度翩翩，可以说是不少女职员的梦中情人。公司有一个女孩子总喜欢与这位主管套近乎，引得同事们纷纷议论。对此，总经理希望秘书可以提醒那位主管，秘书接到这个任务就犯愁了：“这事儿叫我怎么开口呢？”

有一天，总经理、秘书和主管在办公室聊天，那位女孩兴冲冲地推门进来，看见总经理也在，觉得十分尴尬，就悄悄地退了出去，这时主管也感觉浑身不自在。

过了一会儿，只听秘书好像插科打诨一样，念了一句苏小妹给秦少游出的对联：“闭门推出窗前月。”总经理悄悄瞄向主管，只见那位主管若有所思，片刻后接了句“投石击破水中天”，然后接着说：“这秦少游还得感谢苏东坡呢。”顿时，秘书和主管相视而笑。

职场中的幽默就好像空气清新剂，不仅能活跃气氛，给工作带来乐趣，还可以巧妙化解矛盾，传递信息，从而使彼此之间的关系更加和谐融洽。在这个案例中，没想到苏三妹为难新郎的一个对联，就委婉地表达了对主管的提醒，而主管也含而不露地接受了。当然，从那以后，主管开始注意自己的言行，把苗头扼杀在萌芽状态。

最近，办公室里的所有人上班特别容易犯困，每个人的精神状态都不佳。经理见状，把职员们召集到厂区的操场上，要求每位员工都围着操场跑上6圈，用来提神解困，增强体质。

小王平时就缺乏体育锻炼，当跑到第4圈的时候，他已经累得上气不接下气。于是，小王壮着胆子向经理撒谎道：“报告经理，我都已经跑9圈了，为什么还不让我停下来啊？”经理故作惊讶地说：“是吗？那怎么办？我怎么好意思让你吃亏呢？那这样，你现在立即向后转，再跑3圈，这叫多退少补！”

这位员工原以为自己撒谎就可以停止跑步了，结果没想到经理幽默了一句“我怎么好意思让你吃亏呢”。试想，在这样的情况下，即便小王再没力气跑下去，心情也会大好的。幽默，可以为我们营造一个良好的工作氛围，在愉快而轻松的气氛中，大家还会觉得工作枯燥吗？

 如果你是新人，更要懂得如何幽默地把自己介绍出去

在日常工作中，不管初入职场，还是与客户见面，我们都少不了要做自我介绍。如何别开生面地介绍自己，给领导和同事留下一个深刻的印象，这才是自我介绍的重点。当然，我们一定不能拒绝幽默的介绍方式，两三句幽默而诙谐的语言，这不仅是特别的自我介绍，而且很容易吸引他人的眼球，让人更容易记住你。因为你的幽默，他们会记住你的名字，以及你身上风趣的品质。在职场中，我们不能不懂幽默的介绍方式，只有这样，我们才能在最短的时间内赢得最多的信赖与好感。当你的两三句幽默一出口，便奠定了你在职场受欢迎的地位。

在职场中，诙谐幽默能让我们快速拉近与陌生人之间的距离。不论在什么情况下，只要我们具备幽默的品质，我们就一定能出类拔萃，就一定是受欢迎的人。

小张星期五下午去参加了一个面试，不知道是忘记了还是其他原因，小张竟然穿着休闲的牛仔裤。经过了口语听力测试、电脑水平测试之后，那位美国人的表情似乎在告诉小张："我非常满意。"不过，那位美国人突然问道："请问你为什么穿牛仔裤来参加面试？"小张愣了一秒钟，急中生智，快速答道："今天不是周五吗？周五不是便装日Casual Day吗？"那位美国人听罢哈哈大笑，小张自然顺利地得到了这份工作。

当我们初入职场的时候，面试是一个很关键的环节，而面试中的自我介绍则是重中之重。假如我们急中生智来几句幽默，那定会在给对方带来欢笑的同时顺利过关。比如，有人去一家大公司应聘一个很不错的职位，

结果把简历寄去了大约两周，对方就将抱歉信发给了他，或许是由于系统错误，对方连发了两封抱歉信，结果，这个人毫不犹豫地回了一封信：“既然您对未能录用我如此遗憾，为什么不给我一次面试机会呢？”可能是如此诙谐的回复逗乐了对方，后来这个人竟然得到了这个公司另一个更好职位的面试机会。有时候，幽默的自我介绍，可以助我们在职场之路上走得更远、更稳。

有位老师微胖，因此她在接手新班级时便自我介绍说：“我最大的特点就是能够超水平地发挥带头作用，出门的时候，你们跟在我后面，夏天晒不着太阳，冬天吹不到冷风，怎么样，欢迎我这个带头人吗？”

又比如，有位老师很矮，他就对学生说：“我一无所长，却身不由己，但民主意识很好，与同学平起平坐，绝不会高高在上，小心我会借你的漂亮小衣服来穿。”

还有一位姓梁的老师，他每到一个新的班级，就会在黑板上写下“梁”“粱”两个字，让下面的学生说说这两个字的区别，等学生说完，再介绍自己姓梁，是栋梁的梁，让他们别把这个字写成高粱的粱，把老师当粮食给吃了。

当老师新到一个班级，要想和同学马上打成一片，就应该善于运用幽默的自我介绍。在上面所举的三个案例中，老师以极度夸张的手法来嘲讽自己的某种缺点，在学生面前主动自嘲以体现老师心灵的豁达与乐观，同时也以幽默缩短了与学生的心理距离。

在日常工作中，我们需要自我介绍的场合有很多，第一次见领导，初次见同事以及会见客户，等等。虽然，只是一个简单的自我介绍，但结果，将会影响到日后你在办公室里的人际关系。假如我们在做自我介绍时能融入几句幽默诙谐的语言，那自然会令人耳目一新，适时打动在场的人。

 幽默影响心情，心情影响工作效率

在日常工作中，幽默的人是最受欢迎的，会被认为是最有魅力的人。可以说，幽默是一种生活智慧，幽默是一种人生艺术，幽默是人生的一种境界和心态。在实际工作中，我们常常因为压力而把脸绷紧，脸色严肃，甚至连笑容都很少看到。然而，这种状态真的对工作本身有益吗？大量事实表明，一个懂得幽默的人，他平时的心情往往要比那些板着脸的人轻松得多，因为幽默带来的欢乐可以把那些不顺心的事情都冲淡了。因为幽默可以让他经常保持愉悦轻松的心情，自然，在他看来，工作压力就会小很多。

最近，公司里来了一批90后见习员工，这些初涉职场的人，真是初生牛犊不怕虎，好像什么都懂，什么话都敢说，什么玩笑都敢开，给原本死气沉沉的办公室带来了几分生气。经常一番哄笑之后，大家就以更饱满的热情投入工作中。

这段时间正好是央视《百家讲坛》开讲《苏轼》，两个同事闲聊，其中90后小何插话了：“苏轼，我知道，他又叫苏东坡。”一旁的小顾来劲了，他讥笑着说：“又来了，你肚子里的东西倒蛮多嘛，那我考考你，三苏说的是哪三个人？”这时只听小何马上脱口而出：“爸爸叫苏联，儿子叫苏东坡，女儿叫苏格兰。”几位同事面面相觑，不等他们缓过神来，只

听小顾笑骂道："低能啊，苏家都跑到英国去了。"小何不甘示弱："你连这都不知道啊，苏格兰就是大名鼎鼎的苏小妹。"同事们再也忍不住了，哄堂大笑，尤其是看到小何一本正经的模样，真不敢相信他开玩笑竟然开到这种程度。

在忙碌的工作中，人们的身心是疲惫的，可能他们吃饭时都在想如何拉拢客户。对于大多数上班族而言，很少有时间让自己身心轻松一下，假如与同事用幽默调侃一下，让欢笑驱散身心的劳累，放松一下内心，就会发现原本繁复的工作也变得简单了。所以，幽默不仅仅让我们成为一个受欢迎的人，让别人乐意与我们接触，愿意与我们共事，而且它可以更好更快地促进我们的工作，而这是其他方法所不能达到的效果，也是成本最低的方法。

早上，老周在看报纸，不一会儿，他放下手中的报纸，议论起来："总说交通紧张，为什么不修几条运河，一条从四川到新疆，一条从云南通往江南……"坐在旁边的同事回答说："老周，听了您的高见，使我们更加具体、更加深刻地理解了一个成语。"

老周不解："什么成语？"同事回答说："信口开河。"坐在旁边看文件的科长听完愣了一下，随之带头哈哈大笑起来。顿时，整个办公室洋溢着愉悦的气氛。

事实证明，积极的幽默可以使我们的工作环境变得轻松愉快。试想，我们在办公室的时间往往长达8小时，而且人生的黄金时段基本都是在工作中度过的，假如每天都板着脸，郁郁寡欢，那工作还有什么乐趣呢？一旦对工作失去了愉悦的心情，那工作效率又怎么会提高呢？在日常工作中，我们所要求的不仅仅是完成工作任务，而且还需要较高的工作效率。所以，我们以什么样的态度去面对工作很重要，处于职场，我们要善于玩转幽默，以诙谐的语言将快乐带给每一位同事，让繁重的工作变得简单而轻松。

有一天，一位中国雇员被美国老板叫进了办公室，不过，这位雇员在拿取文件的时候，不小心把美国老板的可乐打翻在办公室的地毯上。中国雇员心想，老板肯定会十分生气，因为美国人最讨厌蟑螂进入办公室了，现在因为可乐，蟑螂肯定会大规模地进来。

于是，中国雇员开始手忙脚乱地收拾，这时没想到美国老板却微笑着说："你不用担心蟑螂会进来，绝对不会发生这种事情，因为现在是在中国，中国的蟑螂比较爱吃中餐，对于可乐可能没那么大兴趣。"说完，两个人都大笑了起来。

在工作中，偶尔开个玩笑，幽默几句，甚至互相调侃几句，不仅不会影响工作，还会给人们带来笑声，而且也不会给工作带来什么影响。处于工作中的人都不愿意一整天待在沉闷的气氛中，偶尔幽默一下，反而可以释放压力。幽默的人心情总是保持愉快的，他的工作效率总是比别人高，因为幽默让他卸下了包袱，轻松前进，自然他的工作压力就会小很多。

时刻不忘幽默，才能真正找到沟通的途径

在工作中，同事就是伙伴，和同事相处得如何，直接关系到能否做好

工作。如果同事之间关系和谐，就能让大家保持愉快的心情，有利于工作的开展；如果同事之间关系紧张，矛盾重重，就会影响正常的工作秩序，严重的还会阻碍事业的发展。

幽默可以帮助人们在工作中和同事建立融洽的关系。一个人若能跟同事分享快乐，就能赢得同事的好感和信赖，从而获得同事在工作中的帮助，更容易实现自己的职业目标。甚至即使一个人与其他同事并不是志趣相投时，对于快乐与欢笑的分享，也能让这些工作伙伴体验到心灵的默契。

西方有句谚语说，在仆人眼中没有伟人；同理，在同事眼中也没有完人。同事身上可能会有这样或那样的缺点，这是正常的，就如同你自己身上也有一大堆缺点一样。

在职场中，我们不必对同事期望过高，因为大家都是普通人。假如我们在同事身上发现对方阳光的一面，那么对方很可能也有阴暗的一面；反之，假如我们在同事身上看到了一些阴暗面，那也并不表示对方就没有阳光的一面。因此，我们在工作中应该宽容大度，要学会接受期待和现实之间的距离。

然而，在职场中，有很多人只会挑剔同事身上的小缺点，却忽视了同事的优点。有些人一旦抓住同事的缺点就进行讽刺挖苦，这种做法千万要不得。

张大猛人如其名，长相有些“猛”，由于青春期时长痤疮，他的脸上留下了许多疤痕。有一天，一位同事神秘兮兮地跟另一个人说：“嗨！你来看一张图片，猜猜他是谁？”大家凑过来一看，原来是一张橘子皮的图片。

有人明白了他的用意，便大喊：“你拿张大猛的照片干吗？”全屋爆笑，从此张大猛就有了一个绰号“橘子皮先生”。张大猛既委屈又恼火。

公司的总经理觉察到这件事，便对大家说："最近有人说张大猛是橘子皮，同事之间怎么能这样说呢，太不照顾同事的情绪了。我宣布个事，从现在起，你们以后再谈到他的长相时只能说：张大猛，咳咳！他长得很提神。"

一个真正懂得幽默风趣的人，总能发现同事的优点，并让自己对同事的行为保持一种乐观积极的态度，而非着眼于同事的错误与缺点。我们应该敞开自己的胸怀，去宽容、接受同事的小缺点和小错误，让彼此的关系更加融洽。

一般来说，很难看到同事优点的人，在工作中不会太顺利。在职场上，我们应该对同事宽宏大量，即便同事的身上有很多缺点，但这些缺点是他个人的问题，并没有对公司的利益以及你的发展构成威胁。

假如一个人善于体谅与宽容他人，那么他就会更关注同事身上的优点，能和同事更好地相处，他的工作就会相对轻松。但在现实中，同事之间总会发生很多矛盾，其实这往往就是"宽于律己、严以待人"造成的。

阿雅和小玲是多年的同事，两人隔桌而坐，情同姐妹，彼此也有着良好的默契。尽管如此，有时也难免发生冲突。

有一次，为了处理上司交代的项目，两人有不同的意见，在无法协调的情况下，她们居然发生严重的口角，后来彼此冷战，形同陌路。到了第五天，阿雅实在忍受不了这样的工作气氛，为了打破僵局，于是趁小玲也在座位上时，她就翻箱倒柜，把办公桌的抽屉全部打开来东翻西找。

后来，小玲终于开口说话："喂，你把所有抽屉打开来，到底在找什么？"阿雅看看小玲，幽默地说："我在找你的嘴巴和声音啦！你一直不跟我说话，我都快活不下去啦！”两人扑哧一笑，重归于好。

对于同事的行为，我们要着眼于它的光明面，而不是着眼于它的错误和缺点。不管事实真相如何，我们应该了解并接受人性的小弱点，并借幽默增进同事间的工作关系。

有一次发薪水的时候，小赵的工资卡里居然分文没有。当然，他没有像一般人那样气得暴跳如雷，或者破口大骂。他只是跑去问财务部门的人：“怎么回事？难道说我的薪水扣除，竟然达到一整个月了吗？”

当然，小赵一分不少地得到了薪水。

小赵对同事偶犯错误持一种宽容的态度，而不把它看成一件了不得的大事，批评谩骂同事的愚蠢。借助幽默的方式，他跟同事分享了愉快的果实，这恰恰是不为所动、处之泰然的幽默能够收到的效果。

巧用幽默口才来跟同事沟通，以建议的方式来取代批评，对工作上出现的问题，用轻松的心态和你的同事一起面对。那么，你和同事的关系才会融洽。假如我们以尖刻的批评去对待一位没有处理好工作的同事，就会造成失败的局面。那位同事会丢失他的自信心，而我们会失去他的信任，得不到应有的支持。只有“以对方为中心”，了解他人，时刻不忘幽默，才能真正找到沟通的途径。

一个宽容的人，别人都喜欢接近他，他由此能获得更多的支持和帮助。在职场竞争日益激烈的今天，有个好人缘是非常重要的。职场最讲究团队合作精神，身为其中一员，必须有全局意识。假如一个人遇事不够宽容，就会给他人留下目光短浅和心胸狭窄的不良印象。那种只看重眼前利益的短视之人，在现代职场上是不可能有大作为的。

 有工作就有压力，幽默是自我调节最好的方式

由于当今社会竞争异常激烈，工作压力已经成为职场人士的主要压力，若能处理好，压力就有可能转化成动力，但若处理不好，就会让人心烦意乱，并失去工作积极性，压力就会成为阻力。所以，为了提高工作效率，让工作变得更轻松，就需要我们采用自我调节的方法，来缓解工作压力。

幽默是自我调节方法中非常重要的一种，它能帮人缓解紧张情绪，驱逐挫败感，并能解决各种复杂问题。

有这样一家人，他们的家族专门从事危险的行业——用炸药爆破建筑物。可以想象，干这一行心理上会有多紧张。然而这家人都很喜欢运用幽默来化解紧张的压力。当记者与他们聊天时，他们就会讲一些荒谬的故事。有一次面临一项大爆破工作，新闻记者来采访这个家族中的一员，问他将怎么处理飞沙和残砾。这个人一本正经地说："我们跟一家生产包装袋的公司特地定制了一个巨大的塑料袋，然后直升机会在大楼上空把它扔下来。"

记者被逗得笑弯了腰。正是这些笑声，缓解了紧张的心情。

用幽默来缓解工作压力，会比一些抽象的理论更有效果。通常，与同事开几个玩笑，也可以缓解工作中的压力。

有两位来自不同保险公司的业务员，他们争相夸耀各自的保险公司付款有多快、多及时。第一个说，在意外发生当天，他的保险公司就能把支票送到保险人手里。

“这算得了什么！”第二位打趣地说，“我们公司所在大厦有40层高，公司在23楼。有一天有个投保人从大厦顶楼跳下来，当他经过23楼时，我们就把支票递给他了。”

与同事互开玩笑，工作伙伴们在一起笑的时候，不但缓解了自己的工作压力，也能帮同事保持轻松的心境。

当人们负责的工作种类繁多，并且头绪纷杂时，很容易由于工作压力过大，从而产生烦躁不安的情绪，这时幽默就有用武之地了。

幽默虽能帮人们缓解工作压力，但幽默也不是万能的。由于造成工作压力的原因多种多样，所以在缓解工作压力时，人们除了运用幽默外，还应学习并运用其他科学的减压方式。

有专家建议，对于经常加班的人来说，应该保证适当的睡眠，规律饮食，加强体育锻炼，比如选择一些强度小的活动，像散步、跳舞等，都能在一定程度上起到平衡心态的作用。

表达自己的意见，幽默的言语更受青睐

在职场中，下属时常需要向上司提出一些自己对所从事的工作的看法，或者对项目发展、业务开拓的建议。在表达自己的看法或者建议的时候，有些下属常常因为语言表述失当，让上司对自己颇有微词，从而致使自己的一些看法或建议很难得到上司的认可；更严重的，还有可能使上司对自己产生偏见，使自己在单位中的处境越来越不乐观。其实，下属对上

司提意见也是一件非常需要技巧的事情。在各种向上司提意见的方法之中，借助幽默的语言是一种备受职场达人青睐的方法。

将军早晨来视察士兵，顺便关心了一下士兵们的早餐。很多士兵都含糊其辞地用“还行”“可以”来回答将军。只有一位士兵带着满足的表情说：“半片蜜黄瓜、一个鸡蛋、一碟火腿、一碗麦片粥、两个夹肉煎饼、一块面包，长官。”

将军疑惑地问他：“国王的早餐也不过如此！”这位士兵恭敬地回答：“是的，长官，非常遗憾，这是我在餐馆吃的。”

将军在视察之后，就下达了改善士兵伙食待遇的命令。

这位士兵很善于迂回地表达自己对军队伙食的不满，他的幽默俏皮的语言既令长官明白了那就是士兵想要的伙食标准，又令长官较易接受士兵提出的意见。幽默就具有这样奇妙的力量。

金无足赤，人无完人，再优秀的上司也会有出现工作失误的时候，身为下属遇到这种情况时，通常有两个选择，要么装作没看见，要么给上司指出来。无论哪种选择，都应该让上司心悦诚服地认识到自己的失误，同时又不会感到丢了面子。

假如下属不能充分体察上司的心理变化，即便做的事对公司的发展有利，万一遇到心胸狭窄的上司，就有可能在以后的工作中被“穿小鞋”。因此，巧妙地向上司指出其错误，也是职场的一门必修功课。

汉武帝非常相信长生不老那一套。他对大臣们说：“朕听说假如一个人鼻子下面的‘人中’越长，就代表他的寿命越长；如果‘人中’有一寸长，那他就能活到一百岁。众位爱卿，这是真是假呢？”

东方朔当时就在一旁，心里好笑，嘴中就不自觉地“哼”了一声。汉武帝勃然大怒，喝道：“你敢笑话我？”东方朔连忙恭恭敬敬地答道：“小臣不敢，我是在笑彭祖的脸太难看了。”汉武帝听完不禁大笑起来。

传说彭祖历经唐虞、夏、商等，共活了八百多岁，如果人中一寸长就代表活一百岁，那彭祖活了八百岁，不知道人中该有多长了，那脸能好看得了吗？东方朔利用幽默遮掩了自己的过失，解了自己的困境，还让汉武帝在诙谐一笑中认识到了问题的荒谬，不得不令人佩服。

大多数上司都是聪明人，如果下属在指出其错误时，能像东方朔一样使用含蓄的幽默，就能很有效地达成心愿。这种寓理于笑的诙谐风趣，能让上司听起来顺耳，较易接受。

某公司的月销售额较差，在月底总结会议上，主管不断指责下属：“就你们这种工作水平，怎么在市场上混？假如你们不能胜任这项工作，会有人来接替你们的！”

他还指着一名曾做过足球队员的新员工，问他：“如果一支足球队总是失败，队员们就必须都被换掉。是不是？”那位前足球队员沉默了一会儿，回答道：“主管，通常情况下，假如整支球队都有麻烦，那大家会要求换个新教练。”

这位主管面对销售额差的事实，非但不主动从自身找原因，还对属下大声呵斥，这是很不公平的。所以这位员工巧妙地用自己的经历来做比喻，间接地指出了主管存在的不足，令其对自己的行为有所反省。假如他直接反驳主管，不仅可能起不到任何作用，甚至还有可能使自己与上司之间的关系陷入僵局。

总之，在职场中，我们不妨用幽默来表达自己的看法和建议。特别是在向上司提意见和建议时，更要这样。唯有如此，我们在职场中才会走得更远，得到更好更快的发展。

幽默最具感染力，能搞定同事就能搞定客户

心理学家认为：幽默是一种最富感染力、最具有普遍传达意义的交际艺术。我们从来不会否认幽默在人际交往中的作用，因为幽默会引人发笑，俗话说“笑一笑，十年少”，人们大都喜欢与那些富于幽默感的人交往，因为他们总能给人带来一种心灵上的愉悦和轻松。在日常工作中，当我们面对客户的时候，幽默的语言可以帮助我们拉拢客户，从而促使生意顺利进行。这是因为，在工作中，生意本身会让客户对我们充满戒备与敌意，假如我们适当运用幽默的技巧，就可以消除客户的紧张情绪，从而促使整个洽谈过程轻松畅快，充满人情味。所以说，在生活中，那些富有幽默感的人更容易获得客户的欢迎，赢得他们的信任，促使交易走向成功。

一位房产推销员正在对客户夸耀他的这栋住宅楼和这个居民区。他说：“这片居民区特别干净，物业非常负责，小区里阳光明媚、空气清新，到处都是鲜花和绿草，疾病与死亡好像跟这里的居民无关。”

就在此时，远处走来一队送葬的人，他们哭声震天地从客户面前经过。这位推销员立刻对客户说：“您看，这位可怜的人——他是这儿唯一的医生，没想到被活活饿死了。”

假如推销员对送葬队伍这件事没有一个合理的解释，恐怕客户很难将他先前的吹嘘当作一回事，还会对推销员的印象大打折扣，甚至对他介绍的房子产生怀疑。而推销员的随机小幽默恰好打破自己所面临的尴尬，并使双方的交易能够比较稳定地进行。

雷宇是一位推销钢化玻璃酒杯的推销员。一天，他在很多客户面前进行示范表演。为了说明酒杯的经久耐用，他把一只钢化酒杯丢到地上。出乎意料的是，这只酒杯居然啪的一声摔碎了。

客户们都睁大了眼睛，搞不清楚状况，难道是产品不靠谱吗？雷宇的心里也“咯噔”了一下，但他马上恢复了平静，用沉着而诙谐的语气幽默地对顾客说：“像这样的杯子，我是不可能卖给你们的。”

听了雷宇的话之后，大家都轻松地笑了，以为第一次砸碎杯子是为了与下面的表演进行对比，先吊一下大家的胃口。场内气氛立刻活跃起来，雷宇乘机又扔了五六只杯子，都取得了成功。就这样，雷宇化险为夷，博得了顾客的信任，顺利售出了几百只酒杯。

雷宇之前没想到会出现这种失误，对于突如其来的状况只能随机应变。他巧妙地来了个顺水推舟，让突发情况成为推销的一个环节，从而制造出强烈的幽默效果，实现了推销的目的。

在日常工作中，当我们与客户洽谈的时候，很容易出现难堪的场景，比如案例中的这种情况，这时就可以用幽默的语言化险为夷，在紧急时刻恰到好处地运用幽默来帮助自己摆脱尴尬。富于幽默感的人走到哪里就会把快乐带到哪里，假如我们是一名幽默的上班族，那在整个交易过程中，将会给客户带来许多欢乐，让客户倍感愉悦。因此，在销售过程中，不妨适时地幽默一下，缓和与客户之间的紧张气氛，快速达到彼此合作的目的。

当我们在使用幽默的沟通方式时，沟通的双方往往会处于一种轻松愉快的情景中，并且降低或放下戒备，以一种乐观舒适的心态，更加乐意倾听和理解。因此，当我们在与客户打交道的时候，幽默是建立信任、增进关系的最佳策略，假如我们可以让客户笑，那我们就能促使他们购买我们的产品。

销售员杰克不仅口才很好，而且反应很快，善于随机应变。有一次，杰克正在销售他那些“折不断”的绘图T字尺，他喋喋不休地说：“看，这些绘图T字尺多么坚韧，任凭你怎么用都不会折断。”为了证明他自己所说的话，杰克捏着一把绘图T字尺的两端使它弯曲起来。突然，“啪”的一声，原来完好的T字尺顿时成了两截塑料断片。聪明的杰克将它们高高地举起来，对围观的人们说：“请仔细看看吧，女士们，先生们，这就是绘图T字尺内部的样子，咱们拆开看看，瞧它的质地多好啊！”

假如我们第一次与客户见面，见面后便毫无顾忌地开玩笑，就显得比较唐突了。不过，假如我们在面谈不顺利，没办法很好沟通的情况下，适当的幽默却是极为有效的空气清新剂，可以缓和当时的难堪气氛，使面谈得以顺利进行下去。

当然，在面对客户的时候，我们可以适当说一些笑话，这样可以快速降低客户对我们的敌意，促使销售成功。不过，千万不要过分，假如掌握不好分寸，就会给客户留下轻浮、不可靠的印象。我们在紧急情况下需要调侃、幽默的时候，不要拿客户的私人问题说笑，以免引得客户不快，使客户觉得我们不够尊重他。而且，幽默也是要分人的，当我们打算轻松幽默一番的时候，最好分析一下客户是否喜欢幽默，假如我们遇到的是比较严肃的客户，那就直截了当，而不是故作幽默。

 做个幽默的员工，你就是上司最赏识的人

对于许多职场人士来说，最大的苦恼莫过于工作很卖力却得不到上司的赏识。其实，细细分析就不难发现，原因还是出在自己身上。

如果要获得上司的赏识，我们就要主动拉近跟上司的距离。当然，谁也不能否认，要消除跟上司的距离感，首先要做好工作，甚至要做得十全十美，这样上司才会觉得你是一个有用的员工。

但是，只懂得埋头苦干并不一定会得到上司的赏识。美国人力资源管理专家科尔曼提出："职员能否得到提升，很大程度上不在于是否努力，而在于老板对你的赏识程度。"那么，如何才能获得上司的赏识呢？

假如你因为得不到上司的赏识而苦恼或者想在公司有一番作为，那你不妨在与领导的交流方式上化严肃为风趣，说不定会取得出人意料的效果。

一个年轻人在找工作，他来到麦当劳应聘钟点工。老板问他："你会做什么？"他说："我什么都不会，不过我会唱歌。"

老板说："你就唱一首歌试试吧。"于是，他就开始唱歌了："更多选择，更多欢笑，就在麦当劳！"

老板一听就笑了，随后又问了他一些对于麦当劳有什么了解之类的问题。最后，年轻人被顺利录用了。

上面的例子中，年轻人在面试中借助了幽默的力量，他首先以唱歌的方式说出了麦当劳的广告语，不仅顺利博得老板一笑，同时还获得了老板的好感。

职员：“经理，您实在是热爱工作的人！”

经理：“我正在琢磨这句话的含义。”

职员：“因为您一直都紧紧地盯着我们，看我们是不是正在工作。”

职员通过跟经理开玩笑，不经意中就拉近了跟经理的距离，况且经理也是一个幽默的人。跟上司开玩笑一定要把握好时机，最好能够抓住跟上司面对面谈些风趣的俏皮话的机会。比如，两人一起等电梯或者在卫生间一起洗手，这些都是大好时机。另外，幽默地“冒犯”上司也是拉近彼此距离的好办法。

即使是以沉默严谨而著称的美国总统柯立芝，也曾被人用幽默的方式“冒犯”过。

有一次，柯立芝总统去华盛顿国家剧院看戏剧演出。

看了一半的时候，总统就开始打瞌睡了。演员马克停下歌唱，走到前排，提高音量对总统喊道：“总统先生，是不是到了您睡觉的时间了？”

总统睁开眼睛，环顾四周，终于意识到这话是冲着自己来的。他站起身来，微笑着说：“不，因为我知道今天要来看你的演出，所以一夜没睡好，请继续唱下去吧！”

马克并没有因此开罪总统，相反，他成了总统的好朋友。这则幽默的对话不仅表现了演员直言不讳的幽默，也展示了柯立芝总统的机敏和幽默感。不难看出，适时适度地使用“以下犯上”的幽默，往往能够拉近跟上司的距离，赢得上司的理解和信任。

当工作太累的时候，很多职员都会偷个小懒，这时如果被老板抓了个现行，你会怎么应对呢？

有一个建筑工地的工人被安排去搬运东西，可是他每次只搬一点。工头实在看不过去，不得不开口说他。

工头：“你在做什么？你看别人每次都搬那么重的东西！”

工人：“嗯哼，假如他们要懒到不像我搬这么多回，我也拿他们没办法。”

幽默的狡辩让工头也被逗笑了。

工人以幽默的语言为自己的偷懒行为狡辩，老板就算批评他，也会比较随和，责罚也会轻一些。如果你对“装疯卖傻”的演技颇有心得，那么不妨也在对你颇有微词的老板面前，以若无其事的样子告诉他下面的话：“幸好我已经娶老婆了。”当然，你的老板很难理解你这一句话的意思，必定是一脸茫然的样子。这种时候，你可以如同自言自语一般对自己说：“所以，我现在才能习惯别人对我的唠叨……”

的确，幽默有时可以拉近跟上司的距离，不过，生活中任何事情都没有绝对的，跟上司距离的远近也同样如此，距离太远或太近都是不合宜的。假如一个人对分内工作不认真，成天围着上司转，只知道说好话、空话，刻意巴结奉承上司；或者整天坐在那里等上司安排工作，如同提线木偶一般，上司拽一下，他才动一动，无形中被上司给疏远，这些也都是不可取的。所以，在与上司接触和交流的过程中，用一些幽默技巧，可以保持与上司的合适距离，还能得到上司的赏识。最后要特别提醒一点，溜须拍马不是幽默，运用幽默时千万不要走上溜须拍马的路，以免损害自己的形象。

第五章　管理有技巧，幽默的领导才能赢得员工的真心

 做个幽默的领导，员工与你更加亲近

在美国曾做了这样一项调查：针对1160名管理者的调查结果表明，77%的领导者在员工会议上用讲笑话的方式来打破僵局，52%的领导者认为幽默有助于自己开展业务，50%的领导者认为企业应该考虑聘请一名“幽默顾问”来帮助员工放松。可以说，对领导者而言，幽默已经成为一种新的、有效的主流管理时尚。对一个刚刚晋升的领导者来说，要在最短的时间内与下属缩短心理距离，绝佳的办法就是幽默。心理学家认为，感情是人对客观事物好恶倾向的内在反映。因为感情，人与人之间建立了良好的感情关系，便能产生亲切感。通常情况下，如果人与人之间有了亲切感，那彼此之间的吸引力就会增大，影响力也会逐步放大。而幽默恰恰是富含亲和力的，因为它可以引人发笑，当人们在欢笑之余，彼此之间的距离自然就拉近了。

有见识的主管都明白，幽默不仅仅是儿童的把戏，只要自己能让员工们开心起来，跟手下的职员打成一片，公司的生产效率就会大幅度提高，而这是公司发展的原动力。

公司有一个职员经常迟到。主管把这个职员找来，面带笑容地对他说："你经常迟到，应该都是闹钟的问题。所以，我打算给你定制一个人性化的闹钟。"

"人性化的闹钟？"职员听了有些费解，不知道一个闹钟怎样会有"人性化"。

"好吧，我给你具体解释一下。"主管对职员眨了一下眼睛，轻松地说，"它先闹铃，你要是不醒，它就鸣笛；再不醒，它就敲锣；再不醒，就发出爆炸声；还是无效，它就对你喷水。假如这些都叫不醒你，那它就会自动打电话给我帮你请假。"

遇到经常迟到的员工，绝大多数管理者都会给予严厉的批评，而且一次比一次严厉，甚至下达最后通缉令："再迟到明天就不要来了。"

当然，在管理的过程中，批评与责备是不可或缺的，但在某些场合，指责和批评很难取得好的管理效果。正因为如此，这位主管通过幽默的方式侧面给予批评，通过满面的笑容来进行管理，这不仅淡化了批评与责备的意味，保全了对方的自尊，并且达到了管理的目的。从另一方面来说，这种管理往往更容易打动员工，让他自觉、自省，并积极改掉自身的毛病。

卢瑟福有个学生，总是不眠不休地待在实验室里。某天深夜，卢瑟福无意中又在实验室里看到了他。

卢瑟福问道："这么晚了，你还在这儿做什么？"

"我在工作。"学生满脸得意地回答，很为自己的勤奋感到自豪。

"那你白天都在做什么呢？"

"白天也在工作。"

"那么早上起来呢？"

"当然，教授，我早晨也是在工作。"说到这儿，这名学生越发得意了。

这名学生本以为，接下来老师一定会夸赞他，谁知卢瑟福竟然微笑着说："请问，你用什么时间来进行思考呢？"

擅长工作的职员，首先会先思考最佳的解决方法，努力争取在最短的时间内高效率地解决问题。可是，总有个别职员像卢瑟福的学生一样，觉得马不停蹄地工作就可以得到上司的赏识，这是大错特错的。假如你的公司里就有这样"死脑筋"的员工，你不必直接劝他休息一下，把精力放在提高工作效率上，而应该学学卢瑟福，用幽默的口气反问对方，让他自己去领悟。这种劝阻方式既自然、轻松，又富有哲理，很容易让职员在微笑中接纳你的建议。

领导平时说话幽默风趣，从自己的语言表达中，时刻体现出自己积极乐观的心态，由于这份亲和力，使得领导与下属的关系越来越融洽，与此相应地，领导的影响力就会越来越大。相反，如果领导说话太严肃，缺乏幽默感，就会使他与下属的关系紧张，这样势必造成彼此之间的心理距离，而这样的心理距离会形成一种心理对抗力，一旦超过了某种限度，会使上下级的关系变得越来越紧张。

玛丽·凯是一家知名的化妆品公司，为了扩大自己公司产品的影响，玛丽·凯女士坚持用自己公司生产的化妆品，同时，她建议公司的员工不要使用其他公司的化妆品。在她看来，她是不能够理解凯迪拉克轿车的推销员开着福特轿车到处游说，人寿保险公司的经理自己不参加保险。不过，她在与员工交流诸如此类的问题时，她较好地使用了“亲和力”。

有一次，玛丽·凯发现一位经理正在使用另外一家公司生产的粉盒以及唇膏。这时，她借机走到那位经理桌旁，微笑着说：“老天爷，你在干吗？你不会是在公司使用别的公司的产品吧？”玛丽·凯的口气十分轻松，脸上却洋溢着微笑。那位经理的脸红了，急忙放下手中的化妆品，显得很不好意思。过了几天，玛丽·凯送给那位经理一套公司的口红和眼影膏，对她说：“如果你在使用过程中觉得有什么不适，欢迎你及时告诉我，先谢谢你了。”没过多久，公司所有的新老员工都有了一整套本公司生产的适合自己的化妆品和护肤品。对此，玛丽·凯女士亲自向员工们做了详细的使用示范，同时，她还告诉员工：“以后你们在购买本公司的化妆品时是可以打折的哦。”

玛丽·凯极富幽默的语言表达，拉近了她与员工的心理距离，在这一过程中，她向员工成功地灌输了自己正确的经营理念。在工作中，我们经常会听到这样的议论：“我们单位的领导，官虽然只有芝麻那么大，架子倒是摆得不小，其实，他越是这样子，我们就越懒得理他。”“你们单位的领导说起话来怎么老是那样子，拿腔拿调，真让人受不了。”

对于说话爱摆架子的领导，下属会心生反感，且不愿意与之亲近。假如领导适时幽默两句，不仅体现了自己的亲和力，而且更容易拉近与下属之间的距离。

想俘获下属的心，先做个有魅力的领导

现代社会，幽默是每个人——包括领导者、管理者——必备的主要魅力之一，没有幽默感的人往往缺少魅力。人们往往更愿意追随那些有魅力的领导者，因此，幽默不仅能使你成为一个受欢迎的人，使别人乐意与你接触、愿意与你共事，还是你工作的润滑剂，能促使你更好、更快地完成工作。这往往是采用别的方法所不能达到的，也是成本最低的一种方法。

任何一个领导者，在工作中，的确应该抱着严肃的态度做事，却不能不苟言笑，整天紧绷着脸。我们也许不会嘲笑工作上的错误，但是在纠正错误的时候，也不能让它阻碍工作的正常运转，领导者也应该能够设定这种工作步调。如果我们实施工作方案是为了成功，就应该维持乐观的气氛，这时领导者应该自己先表现出乐观来，继而带动你的团队。

一天，某公司的赵经理为了活跃团队文化生活，组织员工举行一个联欢会。于是，赵经理决定大放血，请自己的下属唱歌。刚开始，大家都找借口推脱“唱得不好”，出现冷场，后来，赵经理拉下脸来，故作严肃地说：“今天唱歌有一个要求，那就是谁都不许唱得好听，必须怎么难听怎么唱，越难听越好！”然后，赵经理指名新职员汪其首唱，这个新来的小伙子面对领导的硬性任务，哪敢不从，于是不得不唱。汪其唱完后，赵经理带头鼓掌喝彩：“好！唱得非常好，完全符合我的要求！”赵经理几句幽默的话，让联欢进行得很愉快，也让下属喜欢上了赵经理。

故事中的赵经理就是个幽默的人，为了团结下属的心，激发下属们工作的热情，他请下属们唱歌，却出现了冷场。此时，他急忙幽默了一把，

对下属开起了玩笑，顿时让场面活跃起来。这样的幽默既让下属感到贴切，又能打破冷场。可见，恰如其分的幽默反映出一个经理的睿智，懂得开玩笑的经理更容易赢得下属的信赖。

所以，幽默就像一把钥匙，巧妙地运用它，不仅能打开彼此心中的结，同时还能增强彼此间的感情。

作为企业的高管，你应该懂得幽默，懂得开玩笑，更要懂得拿自己“开涮”，才能拉近与下属之间的距离。这个幽默不失礼节，还能增加欢乐的气氛。一个平易近人、幽默风趣的领导者，很容易获得下属的好感。你把别人逗开心了，别人自然就变得“好说话”了，不再将你视为敌人、对手，甚至还可能把你当成值得交心的朋友。这就是幽默风趣的谈吐在职场关系中的奇妙作用。幽默不仅可以化解矛盾、弥合分歧，还可以拉近距离、融洽关系。一个懂得幽默的领导，在工作方面才能顺心顺手、步步高升。

一名优秀的上司不能仅仅在员工面前表现出自己严肃、认真的一面，还要展现出自己幽默风趣的一面，来树立一种和蔼可亲的形象，给员工带来欢乐，让公司的气氛融洽，从而带动员工工作的热情，同时增强公司的凝聚力。

公司销售部经理空缺，部里精英们个个摩拳擦掌，特别是几位主管，更是为了这一职位争得头破血流。最后，公司决定由来自其他部门的聂刚来担任新经理。

聂刚知道自己上任必定会引起元老级人物的不满，他在致辞会上挖空心思地施展了自己的幽默才能：“销售部能人太多，据说升哪一位当经理都是一种不公平，所以公司只得找我这么一个有傻福的傻人来。我这个傻人好比个蜡烛的芯，看起来最亮，又位于蜡烛的最高点、最中心，可我自己根本不能烧，必须依靠四周的蜡油才能燃烧起来。所以，拜托各位先生，我全靠你们啦，请大家帮帮忙，不要把我烧焦啊！”

聂刚这一番幽默的致辞逗得部门里的人前仰后合，早把要给聂刚颜色看的事情忘到脑后去了。

幽默也是一种智慧，具有这种智慧的领导，毫无疑问将拥有强大的号召力，因为赢得人心正是其拿手好戏。工作中，如果你的同事不小心陷入尴尬的氛围，你不妨讲一个小笑话，主动活跃一下气氛，让大家放轻松。这样一个小小的举动，就能让你在瞬间赢得对方的尊重和感激，让你更有亲和力。

通过幽默赢得人心，我们需要达到这样的目标，那就是借助幽默言谈使对方感觉被关注，使对方拥有一种愉悦的心情，从而提升对你的信任度。要知道，在人际交往中，最大的侮辱莫过于遭人轻视，你关注对方、尊重对方、体谅对方，自然而然就能将对方拉拢到你的周围，使其成为你的“忠实粉丝”。

值得注意的是，用幽默赢得人心还要注意场合和内容。只有善意的幽默才能增加别人对你的信任度，使你成为得人心的领导。除了幽默，适当的关心也可以帮你赢得人心。比如，新同事对手头的工作不熟悉，很希望得到上司的指点，但是心有怯意，不好意思向你开口。这时，如果你能伸出援助之手，主动指点帮助一下，通常会让他们铭记终生，打心眼儿里深深地感激你，并且会在今后的工作中积极主动地配合你。

批评最讲技巧，幽默的指正下属最易接受

在工作中，上司批评下属时不能想说什么就说什么，要知道，那些适

时、适度地带有幽默元素的批评，更容易让下属接受，这不仅仅能够让下属认识到自己的问题所在，还会激发其对工作的积极性。

现如今，工作和生活节奏不断加快，在忙碌的工作中，下属偶然犯一些错误是很难避免的事。身为一个上司，在遇到员工们出现工作方面的失误时，对其进行批评指正是一定要做的事。当然，不同的上司对员工进行批评的方式是不尽相同的，所以产生的效果也不一样。这里面存在着不同上司对管理手段不同的理解。不论管理者的手段有什么差别，让接受批评的人能够发自内心地接受批评指正才是最为成功的管理手段。我们也不能说对犯了错误的员工进行大声斥责的行为是错误的，但如果能够用幽默轻松的方式让员工认识到自己工作中需要改进的地方，那么既能够改善员工们的工作，又让上司和下属们的关系更加和谐融洽，作为一个聪明睿智的上司，又何乐而不为呢?

一次，一位将军在视察某个部队时，召集了校、尉等军官10余人进行座谈。在会上，将军问这些军官说："一个普通战士的津贴大概是多少？"在座的军官竟然没有一个人知道确切的数字。

这时，将军看着那些军官，心里非常生气。不过将军并没有直接对这些军官进行批评，而是给他们讲了关于一个人的绰号的故事，他说："在民国时期，有个名叫张宗昌的军阀，人们称之为'三不知将军'，一不知道自己有多少兵，二不知道自己有多少枪，三不知道自己究竟有多少个小妾。"

将军虽然没有直接批评，然而在座的军官听到他讲的故事之后，都羞愧地低下了自己的头。

在这里，将军通过一种类比的幽默方法对其下属进行了入木三分的批评，可谓绝妙之极，更妙的还在于，他在批评的同时还给这些部队军官们保存了颜面，让他们更容易接受。

如果上司在批评下属的同时，能在批评的话语中夹带一些幽默的语言，就能够冲淡一些责备的意味，这样一来，既保全了对方的自尊，又达到了让对方进行自我反省以力求改进的效果。

一次，一家公司的一个员工以参加其祖母的丧礼为由请了一天假，结果这件事被上司识破了。等这位员工回到公司以后，上司就问他："你相信人会死而复生吗？"尚未反应过来的员工不假思索地答道："当然相信了。"

"哦，要是这样的话就对了，"上司微笑着对他说，"昨天你请假去参加你祖母的丧礼，今天她就来公司看望你了，可见，你说得非常正确。"

上面这位上司就将对下属的批评非常好地融入开玩笑式的幽默当中，既能达到批评下属的目的，又能够让下属知晓上司用幽默来处理这件事的深意。这样的上司无疑会同下属相处得十分融洽，从而使上下级的关系更为紧密。

另外，上司还要学会对下属的优点表示赞赏，这样更容易赢得下属对自己的拥护。身为上司，如果在批评下属时能够将下属的一些优点用幽默的方式结合起来进行，就会收到更好的效果，也更容易拉近上下级之间的关系，对工作的改进也会产生很好的帮助。

作为美国第30任总统，柯立芝有一位非常漂亮的女秘书，但是这位女秘书有一个毛病，就是经常会因粗心而在公文处理上出现差错。

有一天早上，柯立芝看到自己的秘书穿着一身新衣服走入办公室，就对她说："这套衣服非常适合你，完全就是为你这种年轻漂亮的小姐量身打造的。"这些话让那位秘书心花怒放，欣喜万分。

这时，柯立芝又接着说："我相信你也一定能将公文处理得和你同样漂亮。"从那天开始，这位女秘书在公文处理上就极少出现差错了。

柯立芝随机运用了一个半是赞扬、半是批评的小幽默，就让自己的秘书纠正了自己的缺点。如果说柯立芝直接指出秘书处理公文的不妥之处，势必会让其和下属之间的关系比较尴尬。由此可见，上司对下属的幽默批评不仅仅是一种手段，更是一门能够让上下级关系相处得更为融洽的艺术。

每个人都有自尊心，即使犯了错误的人也是如此。如果下属真的在某些方面犯了错误，领导在批评的时候，也要考虑到对方的自尊心，切勿随便伤害。因此，批评他人的时候，一定要风趣含蓄，如春风化雨，而不是大发雷霆，横眉怒目，以为这样才能显示你的威风，这种批评方式最容易伤害对方的自尊心，甚至导致矛盾激化。当你正怒火中烧时，最好别批评下属，等心情平静下来再去批评。切忌讽刺、挖苦，恶语伤人，虽然对方有过错，但是在人格上与你完全相等，所以不能随便贬低对方甚至污辱对方。

做个智慧的领导，用幽默化解一切问题

智慧领导最佳的口才表现是幽默中散发着亲和力，这不仅可以在无形中拉近与他人之间的距离，还能激起对方想与你沟通的欲望。在现实工作

中，许多领导总是与下属保持一定的距离，平时紧绷着面孔，不愿意轻易相信下属，不轻易接近下属，在他们看来，和下属开玩笑、打成一片是有损威信的事情。有时候，明明当面就能了解的问题，领导却总是安排下属到自己办公室汇报，问东问西，语气严肃，不时提一些问题，以显示自己的气度与水平。如此的说话方式，根本没半点亲和力，时间长了，下属也开始躲避这样的领导了。许多领导误认为自己比下属高明得多，开玩笑或风趣地说话有损自己的威信，的确，领导之所以能成为领导，就是在某些方面比别人高明得多，但如果把这一点绝对化了，总认为自己处处高人一等，其结果往往适得其反。

美国某位总统在庆祝自己连任时开放白宫，与一百多个小朋友亲切“会谈”。10岁的约翰问总统，小时候哪一门功课最糟糕，是不是跟自己一样，也挨老师的批评。总统告诉他：“我的品德课就不怎么样，因为我特别爱讲话，常常干扰别人学习，当时，我可是老师经常批评的对象。”他幽默的回答使现场气氛非常活跃。

当时有一位叫玛丽的女孩，她来自芝加哥的一个贫民区。她对总统说，她每天上学都很害怕，因为她不知道会发生什么事情，害怕路上遇到坏人。这时，总统收起笑容，严肃沉重地说：“我知道现在小朋友过的日子不是特别如意，因为有关毒品、枪支和绑架的问题政府处理得不理想。我希望你好好学习，将来有机会参与国家的正义事业。也只有我们联合起来与坏人做斗争，我们的生活才会更美好。”

这位总统在说话时富于幽默感，而且极具亲和力，也难怪小孩子都喜欢与他交谈。那些幽默而富有亲和力的话语紧紧抓住了小朋友的心，使小朋友认为总统与他们是好朋友。即使场外的人们看到了这样的对话场面，也会感觉总统是一个亲切的人。

日常生活是丰富多彩的，可以为我们提供许多有趣的素材，这些素材会无意识地进入我们的记忆仓库。在生活中，领导要做个有心人，随时搜集来自生活的有趣素材，这样就会使自己的语言材料丰富起来。当然，幽默风趣是一种“快语艺术”，它突破了惯性思维，遵循的是反常原则。在实际讲话中，必须想得快、说得快，触景即发，涉事成趣，出人意料，又在情理之中，使下属易于在欢笑中接受。

有一次，美国前总统林肯与一位朋友边走边谈，当他们到走廊上的时候，一队早已等候多时、准备接受总统训话的士兵齐声欢呼了起来，不过，那位朋友还没意识到自己应该退后。这时，一位副官走上前来提醒他退后八步，这位朋友才意识到自己失礼了，马上涨红了脸。

看见朋友如此难堪，林肯马上微笑着说：“你要知道也许他们还分辨不清谁是总统呢。”就这样一句简单而诙谐的话语，立即打破了现场难堪的气氛。

恩格斯曾经说：“幽默是表明人对自己的事业具有信心并且表明自己占有优势的标志。”当然，幽默的语言风格是建立在较高的思想境界和较好的涵养上，如果你是一个心胸狭窄、思想颓废的人，是不会幽默的。幽默永远属于那些拥有热情的人，属于生活的强者。

领导讲话的时候，可以采用“错位思维”来捕捉生活中的喜剧因素，也就是不按照普通人的思路，而是岔到有趣的一面去。领导者在生活中，要善于使用这样的思维方式去捕捉一些喜剧因素，平时一点一滴的积累，会让你讲话时大放异彩。适当的时候，就近取一些生活中的事例，这会让下属感到很亲切。在说话过程中，要灵活运用极度的夸张、反常的妙喻、顺手的借代、含蓄的反语，以及对比、拟人、移就、拈连、对偶等一些修辞手法，这样才能使你的语言表现出幽默风趣的效果。

林语堂先生说："幽默是一种人生态度。"幽默的语言能使紧张的气氛顿时显得轻松活泼，若是幽默中散发着亲和力，则能让对方感到善意，这样表达出的观点更容易被对方所接受。在日常工作中，幽默而带着亲和力的语言风格无处不在，它成了人际交往的调节剂。在每年的文艺晚会上，相声、小品之所以一直备受观众们喜爱，就在于它的表现形式离不开幽默，那独具幽默而不缺乏亲和力的语言风格强烈地感染着观众的心。

恰如其分的幽默，让管理更具人性化

每个管理者都希望自己能够与下属顺利地进行沟通，将自己的要求传达给下属的同时，也希望下属能愉快地接受并完成任务。然而现实中，下属总是和管理者形成对立的关系，很难在两厢情愿的情况下共同向着既定的目标迈进。所以，在向下属传达命令的时候，管理者就要掌握一定的谈话技巧，避免双方陷入沉闷僵硬的沟通氛围之中。如何才能让自己和下属都轻松愉悦地接受呢？如果能够适当地运用幽默来调节现场紧张的气氛，就会让你和下属的沟通变得融洽。

由于最近一段时间接的货单很多，科特药业公司的工人们经常会被命令加班加点地完成工作，导致许多工人都产生了不满的情绪，干起活来也不像之前那么认真了。但是药品不比别的产品，弄不好公司信誉受损不说，还会出人命，这是公司最不愿看到的。

公司的销售经理一大早就遇到了一件让他十分郁闷的事，公司最大的客户由于不满近期公司产品的质量，想要马上中止与科特药业公司的合作关系，另外去寻找一个新的合作伙伴。销售经理向总经理汇报这一情况后，总经理吩咐他务必稳住这名客户，而有关质量方面的问题总经理会亲自负责去过问，并努力把质量提高。

时间已到傍晚，总经理赶到生产车间门口的时候，外面正巧下起了大雨，他看到车间的工人们在冒雨卸货，也打开车门冲了上去，和工人们一起冒雨工作。等到货物卸完以后，看到大家浑身都被雨水给淋湿了，总经理抹了抹自己脸上的雨水，笑着对工人说："今天晚上加班吃晚饭的时候，我们一定要加道菜。"没等现场的工人们反应过来，总经理就接着说："加道清蒸'落汤鸡'，味道肯定不错。"工人们都会心地笑了起来，饥饿和劳累顿时一扫而光。趁着大家心情不错，总经理在鼓励大家的同时，紧跟着又强调了产品质量的重要性，并承诺马上增加工人们的加班费。听完总经理的话，工人们的抵触情绪消失了，开始认真地工作，产品的质量又提上去了。原本马上就要失去的大客户看到产品质量得以恢复，也就愿意继续合作。

科特药业公司在总经理的努力下，安全渡过了难关。

通常人们都喜欢和那些机智风趣、谈吐幽默的人交往，同样道理，员工也喜欢跟着幽默风趣的管理者工作。同样的要求如果用强制的方式让下属执行，他们肯定会一百个不乐意；如果换一种方式，在幽默中传达出自己的意思，下属就会在愉快的气氛中接受上司的命令。幽默的魅力就在于它能够让烦恼的人欢畅起来，让人们原本痛苦的心情愉悦起来，也会让尴尬的气氛暂时融洽起来。适度幽默不仅非常有利于调动下属的积极情绪，还能够缓解下属在工作中的疲劳状态。上述这个故事中的总经理，就是通过一句幽默的话，拉近了自己和工人之间的关系，消除了他们内心存在的消极情绪，否则只凭生硬的指派与命令是很难让工人接受并执行任务的，更别提让工人们积极地为企业服务了。

一般来说，幽默能够将人们的注意力从痛苦中暂时转移，至少人在笑的时候是不会注意到痛苦本身的。从这个角度来说，我们也可以说幽默本身就是一针麻醉剂，它的作用就是麻痹人的痛苦神经，让人们能够暂时忘却眼前的痛苦。而另一方面，幽默造成的精神上的兴奋以及心态上的乐观，能够减轻人体肌肉的紧张度，增强体力与毅力，让痛苦相应减轻，这对于人的生理以及心理上痛苦的缓解都大有裨益。

有经验的管理者往往懂得在恰当的时候，运用恰如其分的幽默，将一些本来很困难的局面扭转过来。幽默能够让管理者更加人性化，让上下级的沟通更为简单明了。懂得幽默的管理者往往要比古板严肃的管理者更容易和员工们打成一片，能够和客户建立更为默契的合作关系。而那些有幽默感的管理者，总会带给员工快乐祥和的气氛。他们做起事来要比那些不懂运用幽默的人容易很多，甚至在玩笑间能够轻易解决一件在大家看起来比较难办的事。

幽默，是领导不可或缺的一项技能

假如一个企业的管理者能够让每个员工都从内心赞赏你的品格，那么你就能够轻轻松松地指挥任何人。要想达到这种境界，管理者就一定要学会塑造自我品格，懂得运用人性化的管理方式。那么，管理者究竟应该如何塑造良好的自我品格呢？在这方面美国的西蒙·玻利瓦尔将军就为我们做出了很好的示范。

南美独立战争期间的一个冬天，在一座兵营的工地上，有位班长正在指挥手下的几个士兵安装一根大梁：“快加油啊，亲爱的孩子们！大梁已经在移动了，再加把劲，加加油！”一个衣着非常朴素的军官正好路过这里，见状问班长为何自己不动手。“哦，这位先生，因为我是班长。”班长非常骄傲地回答说。“噢，原来你是班长。”军官说了一句，随后下马与士兵们一起开始干活。

等到大梁装好之后，这位军官对班长说：“尊敬的班长先生，如果说你还有什么同样的任务，并且还需要有更多的人手来帮忙的话，你就尽管吩咐你们的总司令好了，他还会再来帮助你的士兵的。”

班长一下子愣住了，原来这位军官正是南美大陆的“解放者”、著名统帅西蒙·玻利瓦尔将军。

要知道管理并非只是单纯的指挥，它还需要管理者适时地加入其中，或者能够亲临现场。对某些管理者而言，管理本身就是一项非常有趣的活动，他们会从中得到极大的乐趣，并会乐此不疲地干下去。

一个嗜酒的员工已经连续两天没来上班，经理就在这个员工的办公桌上留下了“7954”四个数字。员工来上班时看到了桌上的字条，不明所以，就去请教公司的秘书小姐。她说：“经理是在用数字谐音告诉你，说你吃酒误事了。”

这位员工在数字后面画了一只“蝉”回复经理。经理看到后笑笑说：

“孺子可教也。”

过了段日子，员工又故态复萌。经理就在“蝉”的尾部加上了一道“白烟”后放到他的桌子上。

未解其意的员工又一次去请教秘书小姐。她告诉员工说：“前次经理说你因吃酒而误事，你回答说‘知了’，现在仍旧醉酒如故，经理骂你知了个屁呀。”

该员工心生愧疚，从此洗心革面。

这位经理在批评下属时懂得采用另类的方式，这本身就潜藏着极大的智慧和艺术。幽默的人往往会在满足中获得前进的动力，绝不会在抱怨中失去自己的进取心。有幽默品质的人非常善于拨动笑的神经，会笑天下可笑之人，能容世间难容之事，这样的人，才是真正懂得幽默的人。

幽默往往还能够体现一个人的气量大小。越是为人豁达、自信的人，越是具有幽默感；越是性格自卑、自闭的人，越难以容忍身边幽默的存在。无趣的人并不见得就没有幽默的智慧，而是缺乏幽默的胸襟；不是由于强烈的自尊，而是由于色厉内荏的自卑。幽默感是健全人格的一个非常重要的因素。有位出版社编辑头顶无发，当有人取笑，称他聪明“透”顶之时，他居然笑着指着自己的光头说：“不对，不对，我这上面早就‘绝’顶了！”试想一下，如果他不是有着相当的自信，又怎么可能借他人的话来幽自己一默，博众人一乐呢？

可见，幽默是人们生活中不可或缺的调味品、润滑剂，也是管理中不可或缺的工具。有了它就能够消除误会，缓和紧张的气氛，让人放下戒备，甚至化敌为友。心理学家凯瑟琳曾经说过：“如果你能让一个人对你心存好感，那么也就有可能让你周围的每一个人甚至是全世界所有的人都对你心存好感。只要你懂得用你的友善、机智以及幽默去传播你的信息，那么时空距离就会消失不见。”

 运用幽默的口才，在员工中播撒快乐的种子

如果你是一位领导者，就应当注意运用幽默口才，在恰当的时候播撒快乐的种子。在日本，有一些企业老板会在公司举办员工同乐会的时候，与员工一起参加幽默表演比赛，整个公司笑成一片，借着这样欢乐融融的气氛，建立企业的团队精神。

小田见隔壁邻居养了一只会说话的鹦鹉，十分有趣，就心血来潮也打算养只鹦鹉怡情养性。于是，他来到一家专卖宠物的商店，刚好店里三副鸟笼中各养着一只鹦鹉。他兴冲冲地向店主询问价格，店主热情地告诉他：“最右边的这一只鹦鹉会说谢谢、再见、欢迎等简单性的话语，售价1万元。”听完，小田指着中间的一只再次问价，店主笑眯眯地回答：“这只可不得了，它除了会说简单的问候语之外，还会唱童歌呢！所以它价值2万元。”小田心想买东西总要精挑细选，何况货比三家不吃亏，于是，他再次向店主询问第三只鹦鹉的价钱，店主说：“最后这只鹦鹉卖3万元。”小田觉得奇怪，最后这只又没有什么比较奇特的地方，为什么价钱更贵呢？于是向店主询问原因。只见店主笑了笑说：“这只鹦鹉确实是乏善可陈，它没什么本事，可是，据我所知，不知为什么，前面这两只鹦鹉每一次都毕恭毕敬地称它为‘老板’！”

这只是一个笑话而已，不过一般说来，大智若愚的老板的确看起来没什么本事，但实际上他的领导艺术却非一般人所能体会。这也许就是所谓的领导力吧。

在任何工作场所，你都能看见这样的场景：团队成员往往把商业看成维系他们存在的纽带，一旦生意走了下坡路，许多公司都会马上缩小规模，减少员工，甚至更改经营策略。这样日复一日，人心惶惶，工作就会特别被动，难保不出什么问题。在这样的情况下，他们很有可能会选择消极、怀疑或者干脆拒绝安排。此时，让他们每个人都保持乐观和信心异常重要。所以说，如何让员工保持高度热情的精神状态，而且帮助他们恢复信心，便成为当务之急了。

那如何让个人与集体在任何一种形势下都保持一种高度的工作热情，并继续沿着企业的既定目标前进呢？当员工灰心丧气时，不妨让他们暂停手里的工作，讲些幽默的故事或者诙谐的笑话，逗大家开心一下。这样的效果也许比说服或施加压力更为有效。

笑声为什么有激发人的功效呢？众所周知，笑声能让人感觉良好，在特别压抑的工作环境下，压力是内在的，笑声可以缓解压力、舒缓心情、激发智慧，使人信心百倍。

在企业里，多数员工都感受不到幽默的作用，但有一家公司，老板有一天穿着一件小丑服装，打扮得像一只公鸡，突然闯进办公室，逗得大家哈哈大笑。其实，他并没有做任何事，其目的就是要让大家发笑而已。此时，员工会感到老板用心良苦。

另外，笑声让人保持活力，即使在面对死亡时，也能够大义凛然。在市场竞争中，如果对手要置你于死地，你却大义凛然地面对一切，这样一来，对方就很难使你一败涂地。既然幽默能成为死亡之前的选择，为什么就不能成为你在面对险境时的选择呢？无论是企业大祸临头，还是个人灾难降临，只要选择笑声就能让人从容不迫。而实际上，形势越是糟糕，笑声就越重要。

有一位经理对天天见面开电梯的小姐说道：“请尽快把我送到19楼去。”

小姐为难地说：“对不起，经理，这座大楼只有18层啊。”

“没关系，”经理充耳不闻地说，“小姐，你尽力而为吧！”小姐先是一愣，然后不禁笑了起来。

故事里这位很有幽默感的经理其实是故意这样说的，他的目的是想让这位工作单调的开电梯的小姐能轻松一下。若有这样的上级，谁会不喜欢接触或不尽力工作呢？其实，只要一点小幽默，就能够融洽上下级关系。当然，我们有理由认为，这个经理在处理更为重大的事情时，应该是更有能力、更成功的。

与此相反的例子也比比皆是，过于严厉的上级往往会让下属怀恨在心，暗中与上级对抗。在生活中经常有这样的事情发生，有的员工往上司的茶杯里吐口水，还有人把领导汽车的轮胎扎破……这就是关系紧张的后果。

朗朗的笑声是组织机构的健康之音，与员工亲密接触的最好方式就是幽默。幽默的效用已经被心理学家们确认为企业员工遇到不测而导致心理抑郁的最好疗法之一。

每个人都喜欢与机智风趣、谈吐幽默的人交往，谁都不愿和那些动辄与人争吵或者郁郁寡欢、言语乏味的人有交流。幽默，就像是一块磁铁，吸引着大家，它也是一种润滑剂，能让烦恼变为欢畅，让痛苦变成愉快，将尴尬转为融洽。

美国作家马克·吐温平时就特别幽默，有一次他去一个小城，临行前别人告诉他，那里的蚊子非常厉害。到了那个小城，当他在旅店登记房间的时候，一只蚊子正好在马克·吐温眼前来回盘旋，这使得旅店的员工十分尴尬。马克·吐温却满不在乎地对这个员工说："贵地的蚊子比传说中的不知道聪明多少倍，它竟然会预先看好我的房间号码，以便晚上光顾饱餐一顿。"员工们一听，不禁哈哈大笑。结果，这一晚上，马克·吐温睡得非常香甜。原来，旅馆的全体员工一齐出动，驱赶蚊子，不叫这位博得众人喜爱的作家被"聪明的蚊子"所叮咬。幽默，不但让马克·吐温得到了陌生人的特别关怀，还因此而拥有了一群诚挚的朋友。

另外，幽默还能使人感到亲切，懂得幽默的管理者，能够让下属体会到工作的愉悦与轻松。

作为管理者，你进行管理的目的是为了使自己的下属能够准确、高效地完成工作任务，而轻松的工作气氛有利于达到这种效果。幽默往往可以使工作气氛变得轻松起来。

如果员工生病了，那正是管理者关心下属的大好时机。如果你在这个时候用言语讽刺，就与正确的管理经验背道而驰了。

很多管理者平常日理万机，每一天的工作时间往往都在8小时以上，人生的黄金岁月大都是在职场中度过的。如果管理者的领导风格不能令员工心悦诚服，那他的管理工作一定不能称心如意，生活亦会怏怏不乐，而工作目标的完成势必遥遥无期或者大打折扣。如此一来，他的管理生涯岂不显得黯然失色、了无生趣？其实管理与娱乐只是一念之差，你可以乐在管理，并且设法用欢乐的气氛感染每一位同事，让管理成为一门轻松的艺术，甚至是一种至高无上的享受。

第六章　拿起幽默的法宝，在谈判桌前让对手臣服

 谈判之前，先用幽默缓和一下紧张的气氛

美国幽默大师罗伯特·奥本说："每天早上起床后，我都看一遍福布斯美国富翁排行榜。如果上面没有我的名字，我就去上班。"这是一句多么幽默的话语，不仅给人带来了快乐，也温暖了自己的心灵。幽默，是快乐的精灵，在很多时候，我们需要运用幽默的语言来营造良好的谈话氛围。在日常工作中，许多人都表现得太严肃，他们总认为凡事都应该认真，开不得半点玩笑，否则会坏了大事。事实并不是这样，幽默恰恰为枯燥的工作带来了快乐，缓解了压力，在轻松的氛围中，再谈谈工作的事情，或许，彼此都会感到轻松不少。尤其在谈判场合，更需要我们恰当地运用幽默语言来创造良好的谈话氛围，化解谈判过程中的尴尬，最终促成谈判的成功。

美国谈判大师荷伯·科恩曾说："世界是一张巨大的谈判桌，谈判存

在于生活的方方面面，很多时候，我们自觉或不自觉地就成了某项谈判的参与者。”在日常工作中，谈判更是我们工作中一项必不可少的内容。大多数人认为，谈判应该是庄重的、严肃的，其实，若是在谈判中插入幽默的语言，不但可以缓和紧张形势，营造出友好的谈话气氛，还可以缩短彼此之间的距离，钝化对立感，使整个谈判变得更融洽。在国际谈判中，幽默语言可以使整个谈话更加顺利，彼此化干戈为玉帛，从而避免了战祸；在商业谈判中，幽默的语言巧于辞令，可以为你赢得新的合作伙伴。

1943年，英国首相丘吉尔与法国戴高乐将军因叙利亚问题产生了意见分歧，两人心中都有芥蒂。而在这之前，丘吉尔颇为看重的布瓦松总督被戴高乐逮捕了，对此，双方都感觉这个问题变得棘手，要想解决这个问题，只能是面对面地谈判。当时，丘吉尔的法语讲得不是很好，而戴高乐的英语却讲得很漂亮。

两人见面了，气氛变得紧张起来，丘吉尔先用法语打招呼：“女人们先去逛市场，戴高乐、其他的先生跟我去花园聊天。”然后，他高声说了几句英语：“我用法语对付得不错吧，是不是，既然戴高乐将军英语说得那么好，一定能够完全理解我的法语。”话音刚落，戴高乐将军以及其他人都笑了起来。丘吉尔的这番幽默消除了紧张的气氛，建立了良好的谈话氛围，使整个谈判得以在和谐与信任中进行。

丘吉尔与罗斯福的谈判，也可以说是幽默语言使用的典型例子。在第二次世界大战期间，英国武器短缺，丘吉尔来到华盛顿会晤美国总统罗斯福，请求军需物质方面的接济。第二天进行会谈，凌晨，丘吉尔还躺在浴盆里，抽着雪茄，正在思考问题，没想到，罗斯福突然走了进来，两人相视愣住了，丘吉尔笑了，说道：“总统先生，大英帝国首相在你面前可真是没有半点隐瞒啊！”说罢，两人都不约而同地笑了起来，而此次谈判成功地推动了英美合作。

如此看来，幽默语言是谈判过程中的润滑剂，同时，也是化解谈判僵局和消除紧张气氛的良药。谈判双方是一对矛盾的统一体，为顺利达成协议，双方不可能摒弃竞争，更不可能拒绝合作。为了让合作更顺利一些，有一个良好的合作气氛是非常必要的，这是从谈判之初就应该考虑并注意的。

有一次，中方代表就一合资项目与某国财团进行谈判。谈判刚刚开始，对方就说："我方设备技术先进，拥有自己的专利权，希望你们能开一个令我们满意的价格。"如此漫天要价，使整个谈判陷入了僵局。

这时，中方一代表站起来，说道："中国是一个有着几千年悠久历史的文明古国，我们的祖先在一千多年前就将四大发明——指南针、造纸术、印刷术、火药——的生产技术无条件地贡献给了人类，而我们的子孙从未埋怨过他们不要专利权，反而称赞他们为推动人类科学技术做出了贡献。今天，中国在与世界各国的经济合作中，并不需要你们无条件地出让专利权，只要价格合理，我们是一分钱也不会少给您的。"不卑不亢的语言，融入了幽默的力量，最终，对方愿意降低专利费，谈判获得圆满成功。

如果双方就专利费各持己见，互不相让，那么，谈判肯定会陷入僵局。中方代表一席幽默语言，使整个谈判脱离了僵持的困境，化解了紧张的气氛，促成了和谐的谈判。现代社会，随着市场经济的发展，谈判的机会一直不断地增加，于是，在谈判中，越来越多的谈判者喜欢追求幽默的语言，与此同时，幽默的语言也成了每一个谈判者获得成功的重要途径。

幽默的语言，对于营造良好的谈话氛围，促成此次谈判成功有重要的作用。许多人在谈判中都会有胆怯、不安的心理，这是在所难免的，这时，如果使用幽默的语言，就可以消除对方这种心态，使彼此在一种轻松自然的氛围中谈判。在谈判过程中，由于某些原因导致谈判的双方处于进退两难的窘迫局面，这时，一句幽默的语言往往会化解双方的尴尬，彼此相视而笑，那些让人不自在的氛围自然会缓和下来。

旁敲侧击地谈，以幽默巧妙地说服对手

在实际谈判中，我们经常会遇到这样的情况：当自己打算向对方提出某项要求时，却不知道对方会不会答应。一旦这个要求被对方拒绝，那场面肯定会很难堪，甚至还会危及彼此之间的合作关系。但是，我们可以幽默地提出自己的要求，假如对方因为种种原因不可能或者不愿意满足这个要求，那对方同样可以幽默地拒绝。这样一来，任何一方都不会感到难为情或自尊心受到伤害。假如以幽默的方式提出自己的要求，而对方也答应了，那两人则可以进入正式的谈判。

1969年9月的一天，美国国务卿基辛格就越南战争问题与苏联驻美国大使多勃雷宁举行会谈。谈判正在进行，尼克松总统给基辛格打来电话，接完电话，基辛格对多勃雷宁说："总统刚才在电话里对我说，关于越南问题，列车刚刚开出车站，正在轨道上行驶。"老练的多勃雷宁试图缓和一下气氛，机智地接过话头说："我希望是驾飞机而不是火车，因为飞机中途还能改变航向。"基辛格立即回答道："总统是非常注意选择词汇的，我相信他说一不二，他说的是火车。”

在这次谈判中，基辛格巧用火车与飞机的比喻，幽默地对对手进行旁敲侧击，鲜明、坚定地表明了自己的立场，而且巧妙地探出了对方的口吻，而他的语气和态度又不显得十分强硬，容易让对方接受。可见，在谈判中，隐晦、形象的试探语言往往能有效地活跃谈判气氛，使谈判轻松、愉快，并逐步向有利的方向发展。

一个年轻人在一家百货公司做业务员，第一天工作刚结束，总经理就开始检查新员工的业绩。每个人都完成了20～30单的生意，而这位年轻人只完成了1单生意。总经理不满意地问他：“你卖了多少钱？”

“30万。”年轻人回答说。

“你怎么卖那么多钱？”总经理吃惊地望着他。

“是这样的，”年轻人说，“一位先生进来买东西，我给他一个小号的鱼钩，然后是中号的鱼钩，最后是大号的渔线。我问他上哪儿钓鱼，他说在海边，我建议他买条船，所以我带他到卖船的专柜，卖给他一艘帆船，然后他说他的汽车可能拖不动这么大的船，于是我带他到汽车消费区，卖给他一辆丰田新款豪华型‘巡洋舰’。”

总经理听得目瞪口呆，几乎难以置信地问道：“一个顾客仅仅来买个鱼钩，你就能卖给他这么多东西？”

“不是的，”年轻人说，“他是来给他妻子买卫生巾的，我就告诉他‘你的周末算是毁了，干吗不去钓鱼呢’。”

这个案例可能在现实生活中很少发生，却很明确地告诉我们，要想成功帮谈判对方挖掘需求，你一定要敢于想象，善于以诙谐的语言将话说到对方的需求点上，让对方认同你的观点，那么，这给我们带来的利益将是无法估量的。

阿里巴巴集团每年都会主办一次“西湖论剑”活动，邀请一些政界名流、文体明星、业界大腕来到杭州西子湖畔，共商发展妙计。2010年9月，马云把邀请的对象瞄准了一位重量级人物——好莱坞电影巨星、美国加利福尼亚州州长阿诺德·施瓦辛格。

这天，两人见面后，马云真诚地说：“我是您的粉丝，我几乎看过您主演的所有电影。您强健的肌肉让人看到一种无穷的力量。我练了20多年的肌肉都‘突’不出来，请问您有什么秘诀？”短短几句话就把两人的感情拉近了，施瓦辛格愉快地分享了自己的健身秘诀。

接着，马云说：“我的‘西湖论剑’活动马上就要开始了，去年我请来了克林顿和科比，今年我想到了您。您曾是世界健美冠军、好莱坞电影明星，后来又成为拥有亿万资产的成功商人，现在是美国的一位州长。可以说，您是一位成功的‘多面体’，一个人就代表了政治、文艺、体育、环保、商界等多个方面，因此说，我邀请您这样一个多才多艺的嘉宾就可以代替多个嘉宾，这就是我请您来‘论剑’的理由。”听了这番话，施瓦辛格非常高兴地接受了邀请。

几句风趣的话，一下子就拉近了双方之间的心理距离，再加上对于名人来说，当然在意自己的知名度，这就是施瓦辛格的“弱点”。这里，马云在谈判前，先摆出去年的“佳绩”——成功邀请到克林顿和科比，让施瓦辛格意识到，能够参加这次“西湖论剑”活动是一件很荣幸的事情，极大地激起了对方的兴趣。自然，这样的谈判是成功的。

在谈判中，最会说话、最能够说服对方的人往往是那些懂幽默，又能一语中的的人。他们平时话不多，但在关键时刻，总能一鸣惊人，把话说到点子上。

用幽默的语言，回击对方的无礼

对谈判的双方来说，最重要的就是相互尊重。无论双方代表在个人身份、地位上有多大差异，他们所代表的组织在力量、级别等方面是否强弱悬殊、大小不均，一旦坐到谈判席的两边，就都是平等的。

在谈判的过程中，经常出现这样的情况：有的谈判代表自恃地位高贵，或背后实力强大，在会谈中傲慢无礼，对另一方挖苦攻击，试图在气势上占据上风，迫使对方屈服；也有的代表缺乏自身涵养，谈判不顺利时恼羞成怒，对另一方侮辱谩骂。这种时候，假如想不辱使命、不失气节，又不致激化矛盾，使谈判夭折，被攻击的一方可以使用幽默的语言回敬无礼的对手，刹住其高涨的气焰。

战国时期，齐国大夫晏子出使楚国。楚王准备在接见他之前先侮辱他一番，借机来挫一挫齐国的威风。楚王派人把城门紧紧关闭，然后在城门的边上凿了一个只能容一人通过的小洞，让晏子从这个小洞钻进城内。换了别人，可能会大发脾气或怒而返回，那样就难以完成使命了。

晏子只是淡淡地一笑，说："只有出使狗国的人才从狗门进去，现在我是出使堂堂的大国楚国，怎能从这样的狗门进去呢？"楚王听说后无言以对，只好命人大开城门——把晏子迎进都城。

楚王接见晏子时，见他身材矮小，就挖苦他说："难道齐国没有人了吗？"

晏子随口答道："齐国临淄大街上的行人太多了，一举袖子就能把太阳遮住，流的汗像下雨一样，人们比肩接踵，怎么会没有人呢？"

"既然有这么多人，怎么会派你这样的矮子为使臣呢？"

"我们齐王派出使者是有标准的，最有本领的人，派他到最贤明的国君那里去。我是齐国最没出息的人，因此被派到楚国来了。"

面对楚王对自己的人身侮辱，晏子气定神闲，从容反击，他顺着楚王的话贬低自己，抬高自己的国家，同时有力地奚落了楚王，使气势凌人的楚王无言以对。晏子凭借自己的机智和雄辩，打击了对方的嚣张气焰，维护了国家和个人的尊严，从而为之后的谈判营造了平等互利的氛围。

1984年秋天，我国外交部副部长周南和英国代表伊文思就香港主权的收复问题再次举行会谈。在谈判之初，周南笑着对英方代表说："现在已经是秋天了，我记得上次大使先生是春天前来的，那么就经历三个季节了：春天、夏天、秋天——秋天是收获的季节。"

表面上看，周南是就英方代表来华的时间，进行关于自然现象的闲谈，但对话双方都明白，此话暗含着另外一层意思：谈判已进行了很长一段时间，到了该得出明确结论的时候了。周南这番话讲得自然得体，不仅融洽了气氛，还表明了我方的意向和决心。

在外交场合，老练而有素养的谈判代表常用一些幽默含蓄的辞令来委婉表达自己的意见。这些暗示语的真正含义通常指向关键性问题，而用这种表面温和的方式表达出来，可以使会谈气氛显得轻松、文雅，从而使实质内容的尖锐所造成的紧张情势有所缓解。

一对未婚男女在别人的介绍下约会。

姑娘问男青年："你有奔驰吗？"

男青年摇摇头："没有。"

"你有洋房吗？"

"没有。"

姑娘讪笑道："如此看来，我们两个人也没有缘分！"

男青年无可奈何地起身，自言自语道："难道非要我把宝马换成奔驰，把二百平方米的别墅换成洋房吗？"

面对这位嫌贫爱富的姑娘，男青年用调侃的语气回敬了她，貌似不经意，实则是对女孩势利心的讥讽。听完这位男青年的"自言自语"，相信女孩必然会后悔自己有眼无珠，同时也会反思自己的无礼言语。

谈判中采取幽默的姿态，不仅能够钝化对立感，营造友好和谐的会谈气氛，而且还能在不经意的话语中埋下机关，在笑谈中有力维护自己的权益。

面对刁难，以诙谐的语言反戈一击

在实际谈判过程中，有时候我们会遇到对方的挑刺或者故意刁难，这时不可避免地会陷入困境中。在这样的情况下，我们该如何扭转乾坤，让那些故意刁难者知难而退呢？其实，这需要幽默的艺术，以诙谐的语言反击对方，如果你只是傻傻地站在那里，只会让那些故意为难你的人更得意，同时，也会让所有的对手看笑话。当然，这需要一定的方法以及技巧，才能巧妙地化解尴尬，为自己解围。

在一次盛大的晚宴上，某位年轻人趾高气扬地问萧伯纳："您是萧伯纳先生吧？听说您的父亲只是个裁缝？"

萧伯纳微笑着说："是的。"

年轻人又问："那……您为什么不学他呢？"

萧伯纳笑看了年轻人一眼，问道："听说你父亲是个谦谦君子？"

年轻人挺了挺胸膛，高傲地说："对。"

萧伯纳接着问："那你为什么不学他呢？"

这就是传说中的"以子之矛，攻子之盾"，是以彼之道还施彼身的精髓所在。年轻人嘲讽萧伯纳出身低贱，而幽默大师萧伯纳对此不予置评，而是转而批评他的教养，并且借用年轻人的句式和用语。萧伯纳巧妙地运用了幽默的智慧，用这位年轻人的攻击之术轻松地杀了个回马枪，回击了其傲慢无礼的态度，使年轻人碰了一鼻子灰。

在现实生活中，当我们被别人讽刺，最常见，也是最失败的反应就是以牙还牙。若是在谈判中，我们也采用这样的方式，那只会造成谈判的失败。

有一次，著名作家克雷洛夫与房东签订租房合同。那位房东在金钱上十分计较，而且他事先就知道了克雷洛夫是一个穷光蛋，因此，他便在租房合同上特别写了一条：假如克雷洛夫不小心引起火灾烧了房子，那么必须赔偿一万五千卢布。

不过，令房东没想到的是，克雷洛夫看完，非但没有提出反对的声音，而且还很大方地在后面连续加了两个“0”。房东一看，喜出望外，说“哎呀呀，一百五十万卢布。”其实，克雷洛夫并不是真的愿意多赔钱，他像没事一样，说：“是的，反正多少都一样赔不起。”房东听了，目瞪口呆，一句话也说不出来。

在实际谈判中，如果你遭受了对方恶意的顶撞、攻击、讽刺挖苦或者出言不逊，这时不需要以牙还牙，针锋相对，这样会让局面变得一发不可收拾，只需要将对方的讥讽之词当作前提，作为铺垫，作为条件，顺势表达出自己的看法，从而达到反击的目的。

在一家药店，一位顾客很生气地对经理说：“一个星期以前，我在这里买的润肤膏，一点作用也没起，我要求退款。”经理询问道：“为什么？”顾客说：“你说，它可以与脱发作斗争的，可是不顶用。”经理建议说：“您再试试看，我是说过，这种润肤膏可用来与脱发作斗争，不过，这并不意味着，它一定能赢得最后的胜利啊。”

在实际谈判中，我们所说的每一句话都需要保持语言的严谨性，而且需要仔细揣摩对手所说的话，找准其中的关键字眼，这样我们才能随时给对方致命的反击。当然，我们所使用的方法应该是诙谐的、风趣的，不带任何攻击性的。我们应该记住这样一句话：对方想要激怒我们，我们则惹对方一笑，暗中还击，这才是高明的谈判策略。

谈判不是战争，让幽默带来和平的局面

在谈判进行的过程中，双方很可能在某一个点上发生争执，导致谈判的气氛变得紧张，甚至让人有一种窒息感，此时，我们应该怎么办呢？是让这种紧张的气氛持续下去，还是试着缓解呢？毫无疑问，我们应该选择后者，否则，僵持下去，气氛可能更紧张，而谈判也可能就此终止。为了适当地缓解这种让人窒息的气氛，我们可以适当地幽上一默，这样能让彼此都放松下来，为接下来进一步谈判创造可能。

在德国柏林举办的一次空军军官俱乐部宴会上，最尊贵的客人就是赫赫有名的乌戴特将军。大家在宴会上来回地敬酒，自然这位将军是被敬得最多的人。后来，在轮到一位年轻的军官时，他十分激动，竟不小心把杯里的啤酒都倒在了将军的头上。

大家看到这一幕时都傻了眼，不知道该怎么办。这时，坐在将军旁边的人急忙帮他擦身上的啤酒。将军却摆摆手说："这位兄弟，你觉得你的这种方法对我的头发有效吗？"大家愣了一下，都笑了起来。原来，这位将军是个秃头，他把自己这次挨淋自嘲为对方的一次生发方法，这不禁让在场的所有人都佩服乌戴特将军的幽默和大气。

可见，幽默不仅能分享快乐，还能避免不必要的尴尬。尤其是我们在拒绝别人时，如果采用直接的方式拒绝，有可能别人会接受不了；但如果采用幽默的方式拒绝，效果就不一样了。但是，幽默也要分场合，要有度，更要有合适的对象，因为幽默并不是简单地说几句笑话，而是一门艺术。

在这一点上，我们不妨效仿外交官。在外交事宜上，外交官往往代表

着一个国家的形象。但是，在外交谈判的过程中，为了保护自己国家的利益，很可能会和对方产生冲突，让谈判陷入紧张状态。但是，为了两国的友好关系，为了谈判的顺利进行，这时，灵活运用幽默的技巧就成了外交官们的法宝。

1946年5月，远东国际军事法庭在审判日本战犯的时候，十个参与国的法官们曾因如何排列法庭的座次问题展开了一场非常激烈的谈判。中心的位置是属于澳大利亚德高望重的法官韦伯的，它是盟军最高统帅麦克阿瑟指定的庭长，而中国的法官本应坐在韦伯左边的第二把交椅上，但因为那个时候我国比较贫穷落后，遭到大国的歧视，各个强权国家遂把中国的座次排到最后。

面对这种情况，中国唯一一位出席远东国际军事法庭的法官梅汝璈与列强们展开了一场灵活机智的谈判。梅汝璈首先从正面来说明，座次应该按照日本投降的时候各个受降国签字的顺序进行排列，这才是唯一正确的立场原则。他说："如果只是论个人的座位，我本人并不会在意这些。不过，今天是要审判日本战犯的，中国是受日本侵略最严重、抗战的时间最长、做出牺牲最大的国家，所以，八年浴血奋战的中国是有理由排在第二位的；再者，如果没有日本的无条件投降，也就不会有今天的审判，按照各个受降国的签字顺序来排座次，是顺理成章的事情。"

这番义正词严的话使得谈判的气氛变得紧张起来。为了缓和这种气氛，梅汝璈接着说："当然了，要是各位不能接受这个办法，那我们不妨找一个体重测量器，按体重大小来排列座位，体重重者坐在中间，体重较轻的则坐到旁边。"

各个国家的法官听到这话以后都忍不住笑了。梅汝璈继续说："如果不按受降国签名顺序排座，那还是以体重排座次比较好。这样即使把我排到最后我也会心安理得，而且还可以对我的国家有个交代，我的国家若是觉得我坐到旁边不合适，就会派一个比我胖的人过来替换我了。”这番话让法官们哈哈大笑。

尽管梅汝璈法官的论辩深入人心，但是这场谈判仍没有一个明确的结果。就在开庭前一天预演的时候，庭长韦伯突然宣布，法庭的排座次序为美、英、中、苏、法、加……梅汝璈马上提出抗议，当场脱掉黑色丝质法袍，并拒绝参加预演的彩排。他说：“今天的预演已经有很多记者和电影摄影师在现场，明天一旦见报就成既定的事实了。既然各位对我的建议并没有太多的异议，那么我请求马上对我的建议进行表决。否则，我就只能不参加这次预演，立刻回国向政府提出辞呈。”

最终的表决结果是，恢复中国第二把交椅的位置。

梅汝璈法官在谈判中，为了国家的利益据理力争，让谈判的气氛变得紧张起来，但是他懂得运用幽默的说话技巧，很快缓和了紧张的气氛，拉近了彼此距离，为取得谅解、达到目的创造了条件。

在商业谈判中，我们也可以向外交官学习，恰当地运用幽默的手段，以缓解紧张气氛，在对方面前展示自己的气度，树立自己良好的形象，使谈判顺利进行。

谈判之中，问有艺术，答也有技巧

在谈判中要记住，问有艺术，答也有技巧。假如问得不当，就会不利于谈判；万一答得不好，同样也会使己方陷入被动局面。

在谈判中，回答问题可不是一件简单的事情。因为，谈判者不仅要根据对方的提问来做出回答，还要尽可能地把问题讲清楚。况且，谈判者对自己回答的每一句话都负有责任，因为对方有可能把回答理所当然地认为是一种承诺，这就给回答问题的一方带来了一定的压力。因此，一个谈判代表水平的高低，在很大程度上取决于他回答问题的水平如何。

在谈判的时候，谈判者可以运用将错就错、答非所问的幽默技巧，来巧妙地扭转不利于己方的局势。

答非所问是指答话者故意偏离逻辑规则，不直接回答对方的提问，而是虽然在形式上响应了对方的问话，却通过有意的错位造成幽默的效果。答非所问并不是真的逻辑混乱，而是以故意假装错误的形式，幽默地表达潜在的含义。

一个爱缠人的先生盯着小仲马问道："您最近在做些什么呢？"

小仲马平静地答道："我正在蓄络腮胡子，难道您没有看见？"

这位先生问的是小仲马近来做了什么重要的事情，小仲马故意把蓄胡子当作极重要的事情，显然与问话目的不相符。

小仲马自然是懂得对方问话的意思，但是他偏偏答非所问，用幽默来暗示那位先生：不要再纠缠了。表面上，他好像是在回答那位先生，其实却没给他什么有用的信息。

在谈判中，利用这种幽默技巧也会起到让对方摸不清己方虚实的作用，进而赢得谈判的主动权。

答非所问需要讲究技巧，抓住表面的某种形式上的关联，不留痕迹地避开实质层面，有意识地去中断对话的连续性，求得出其不意的效果。这种幽默旨在另起新灶，从而跳出被动局面。

有个来自某发达国家的外交官问一个来自非洲某落后国家的大使："贵国的死亡率肯定不低吧？"大使马上回答："跟贵国一样，每人死亡一次。"

故事中，其实原本外交官的问题是就整个国家而言，是通过对非洲国家落后面貌进行讽刺来挑衅的，但这位聪明的大使没有理会他问话的要害点，却故意将死亡率放到每个人身上，颇具匠心的回答营造了别样的幽默效果，有效地回敬了那位外交官的傲慢，维护了本国的尊严。

在谈判中，由于双方在表达和理解上的不一致，错误理解对方说话意思的事情是常常会发生的。如果谈判对手对你的答复做出了错误的理解，而这种理解又恰恰有利于你时，你大可不必去更正或解释，而应该很幽默地将错就错，因势利导。总而言之，谈判中的应答技巧并不在于问题回答得对或者错，而在于应该说什么，以及如何说，怎么更好地处理突发情况等。

高明的谈判家，最明白幽默是何种艺术

作为一个高明的谈判者，假如可以有效地使用幽默语言，那成功自然是水到渠成。因此，幽默可以说是谈判中的高级艺术，不过，若是用得不恰当，就会起到相反的作用。在实际谈判中，我们所使用的幽默语言要因地制宜，也就是因对象、因地而用，不可滥用。作为一个聪明的谈判者，

我们要善于观察和思考，决不放过任何一个可以表现幽默的机会。通常情况下，在谈判开始或双方出现冲突的时候，我们可以使用恰当的幽默语言，不过，这些诙谐的语言需要注意场合，需要看准对象。当然，为了使幽默发挥出最大的效果，我们需要掌握一些熟练的幽默技巧。

在1991年年底的中美知识产权谈判中，美方代表一见面就出言不逊，“我们是在和小偷谈判。”这时，我外经贸部部长吴仪马上针锋相对：“我们是在跟强盗谈判，请看你们博物馆里的赝品，有多少是从中国抢来的。”一句有力的回击，既有效地维护了中国人的人格尊严，同时，也让对方领教了中国人的机智和风趣。

在20世纪70年代末的一次外贸谈判中，中方代表拒绝了一位红发外商的无理要求。没想到，这位外商恼羞成怒，竟然出口伤人：“代表先生，我看你皮肤发黄，大概是营养不良造成你思维混乱吧。”中方代表马上反驳说：“经理先生，我既不会因为你皮肤是白色的，就说你严重缺血造成你思维混乱，也不会因为你头发是红色的，就说你吸干了他人的血造成你头脑发昏。”

这就是所谓的“以其人之道还治其人之身”，用嘲笑反嘲笑对方，以讽刺对讽刺，在反嘲讽的过程中粉碎对方的诡辩和言语攻击。在上面这两个案例中，显而易见，作为谈判者的反击是很有力的，且是诙谐有趣的。

女大使柯伦泰在担任苏联驻挪威全权贸易代表的时候，曾就购买鲱鱼问题与挪威商人进行谈判。在谈判过程中，由于挪威商人要价太高，致使谈判陷入了僵局。

这时，柯伦泰说了一句幽默的话："我同意你们提出的价格，如果我国的政府不批准这个价格，我愿意用自己的工资支付金额。但这自然要分期支付，可能要支付一辈子。"听她这样一说，对方代表面面相觑，最后全同意将鲱鱼价格降到最低限度，从而使得谈判赢得了成功。

当谈判陷入僵局的时候，我们可以以幽默的语言巧妙感化、说服对方，这样可以让对方产生共鸣，从而做出让步。在情理之中，说上几句幽默的语言，让对方在莞尔一笑的同时，能够很好地理解自己，这样我们获胜的概率就大了。

20世纪30年代，卓别林写成了一部以讽刺和揭露希特勒为主题的喜剧电影脚本《独裁者》。不过，就在影片开拍的时候，派拉蒙电影公司却说："我们曾用'独裁者'这个名字写过一个闹剧，这个名字是我们的专利。如果卓别林一定要用这个名字，则要交付二万五千美元的转让费。"卓别林多次派人与其谈判未果，他只好亲自上门与其谈判。

在谈判过程中，卓别林灵机一动，用笔在片名前加上一个"大"字，改成《大独裁者》，然后幽默地说："你们写的是一般独裁者，而我写的却是大独裁者，我们两不搭界，这两者根本就是风马牛不相及的事情。"结果，这家电影公司的老板无话可说，只好按照卓别林的脚本开拍。

有时候，在实际谈判中，我们可以运用风趣的语言以出乎意料的方式提出双方都能接受的条件，以达到让对方变换要求和改变己方在谈判中所处的不利地位。比如上面这个案例中，本来卓别林是处于不利地位的，但聪明的他很快想到了一个绝妙的办法，既然你觉得这个名字是你取的，那我在前面加一个字就与你们区分开了。

第七章 登上讲台，在聚光灯下发挥你的幽默口才

 不打无准备的仗，有素材演讲才会游刃有余

演讲者要想在演讲中做到谈吐幽默自如、游刃有余，就要提前准备好演讲所需要的幽默素材。

狄斯雷利是英国的前首相，有一次他的演讲非常成功，一个年轻人就向他祝贺道："您刚才那席即兴演说简直太棒啦！我很喜欢这样的你。"

这时，狄斯雷利回答说："亲爱的年轻人，这篇即兴演说稿我已经足足准备了20年之久啊。"

这里所说的20年未免有些夸张了，然而狄斯雷利却告诉了演讲者一个道理——你要想发表一次成功的演说，要想和听众们打成一片，就必须花时间去收集一些笑话、故事、趣闻或者说是妙语。这些幽默材料会让你的演

讲更吸引人。

不管多么伟大的即兴演说家，都需要通过努力才能够获得成功。他们一旦走上讲台，就会神采飞扬、妙语连珠，让听众如痴如醉。

下面介绍几种比较常见的幽默素材是如何被演讲者利用起来的。

可以从自己的姓名上找到素材。有位姓胡的老教授很是幽默，他在79岁高龄时做过一次演讲。当时，胡先生健步登上演讲台，对台下众多学生朗声笑道："鄙人姓胡，就是糊里糊涂的胡，但为人却不糊涂。"

台下的学生们在胡先生谦虚的自我介绍中慢慢进入听讲的佳境。很多人的姓氏与名字都可能十分平常，从中很难找出幽默的素材来，其实大可不必完全围绕姓名去打转，其他类似的幽默素材还有很多。

比如，我们可以从自己的属相上找素材。下面就是一位属猪的男士在他的生日宴会上说的一段话。

这位先生说："各位来宾，女士们，先生们，欢迎大家光临寒舍，近日物价飞涨，猪肉也十分走俏，我又年长了一岁，身价也随之翻了一番，所以我在这高老庄特备了些薄酒，与众人一起高兴高兴。"

除在自己的属相上做文章之外，我们还可以在自家的宠物身上找到一些幽默的灵感。

一天，有位女士带着她家的小狗出来逛公园，一位老太太看了她带的狗，非常奇怪地问："为什么你家小狗的尾巴不是左右摆动，而是上下来回摇摆呢？"她回答道："这完全是环境造成的。我给它做的窝还是两年前的那个，那时候它还没有这么大。"

很多时候，发发牢骚也能达到幽默的效果。不过牢骚要发得恰如其分才好，这样就不至于冲淡欢乐的气氛；牢骚发得洒脱轻松，方不失为演讲者之风度；牢骚只有发得幽默，才能博取听众一笑。

有一个年轻人过生日，他说："在座的诸位兄弟姐妹们，今天是本人的生日，大家都不用客气，一定要爽快地大块吃肉、大碗喝酒。哎，过生日又老了一岁，可叹兄弟我一大把年纪了，如今还是光棍一条。大家伙认真瞅瞅，我长得可是一表人才，居然没有一个女孩爱上我，你们说是不是有些奇怪。我在这儿就和你们打个赌，到明年的今天，你们诸位就等着瞧吧。"此时，有人笑着说了一句："明年还等着瞧你这条光棍啊。"大家顿时笑作一团。

到底打的什么赌，等着瞧些什么，青年故意不去说明白，留给大家想象的空间，有位客人一下子点破了他的这个意思，这样也就产生了年轻人期望中的幽默的效果，达到了他想要的目的。

要准备好幽默素材，就需要我们在演讲之前先浏览一下自己的发言稿，考虑一下所面对听众的嗜好、职业以及性格特征，琢磨一下最近发生的大事件对人们产生的影响等，就会发现个中的差别、夸张甚至古怪的联系，以及不一致性和反话。而这其中所有含有双关含义的词组，体现相反背离的理念、情形和人物都很有可能成为幽默产生的源泉和载体。

开场几句幽默，现场瞬间炒热

在演讲中，开场白往往非常重要，有经验的演讲者都会在第一句话中运用幽默的语言方式，牢牢地抓住听众的心。高尔基曾经说过：“开头第一句是最为困难的。它就像是在音乐中给了全篇作品以音调，演讲者往往要花费相当长的时间才能找到它。”

我们来看看高尔基是如何做到的。

高尔基曾于1935年3月7日应邀在苏联作协理事会第二次全体会议上发表讲话。当主持人说到高尔基的名字时，代表们立即报以长时间的掌声和欢呼，高尔基迅速舍弃了原先准备好的开场白，即兴开始他下面的这句话：“如果说将花在鼓掌上面的全部时间累积进行计算，那么时间浪费得着实不少。”

此时，台下响起一片友善的笑声。

这个开场白的确很好，它对演讲现场出现的情况轻松幽默地做出了自己的评价，让大家倍感亲切。而且这个开场白也表现出高尔基自身良好的修养，进而吸引听众专心听下去。一位演讲者在个人的专场演讲中可能会非常从容，但当大家在同一时间、同一地点进行演讲（如演讲比赛、竞职演讲、即兴发言等）时，则由于受到时间、地点、气氛以及相同主题的制约，非常容易发生“千人一腔”的现象。在这种情形下，要想脱颖而出，顺利获胜，就需要有一种“大路拥挤改走小路”的创新精神，这是因为创新与幽默的思维方式是相同的。

通常情况下，演讲开头成败的关键在于能否吸引并集中听众的注意力。演讲时获取听众注意力的方式随题材、听众和场景的不同而改变，一般可以运用事例、逸闻、经历、反诘、引言、幽默等手段达此目的。

钱锺书先生的小说《围城》中有一段故事，写方鸿渐到本县省立中学发表演讲，事先精心准备了讲稿，可是到场后却发现稿子不在手边，急也没用呀，听众已在热烈鼓掌，方鸿渐只好上场了，但这开场白来得很精彩——吕校长，诸位先生，诸位同学：诸位的鼓掌虽然出于好意，其实是最不合理的。因为鼓掌表示演讲听得满意，现在鄙人还没开口，诸位已经满意地鼓掌，鄙人何必再讲什么呢？诸位应该先听演讲，然后随意鼓几下掌，让鄙人有面子下台。现在鼓掌在先，鄙人的演讲当不起那样热烈的掌声，反觉到一种收了款子交不出货色的惶恐。

听了方鸿渐的演讲，听众大笑，记录的女孩也含着笑，走笔如飞。

应该说，方鸿渐的开场白获得了极大的成功。为什么？当听众鼓掌后，他却一反众人常有之态，先假意否定听众鼓掌，引起观众兴致。听众想弄清“为什么我们的鼓掌其实是最不合理的”？方鸿渐的解释既出人意料，又幽默风趣，自然深受观众喜爱了。

在主持活动的时候，我们可以用富有启示性的语言、诱导性的语言，使现场融入活动氛围之中，让所有的听众集中注意力。开场白需要尽可能地避开死板的格式，而是出语不凡，让听众不知不觉间进入自己精心设计的“圈套”。在开场白中，我们可以直接点题，将活动的内容、主题说清楚，让现场的听众明白这个活动的主旨到底是什么。在开场白中，我们还可以巧妙借题发挥，或是活动的气氛，或是活动的主旨，从而调动全场的情绪，营造适宜活动开展的气氛，让现场的听众亢奋起来。

假如一开始演讲情绪就有些紧张，这时候不妨开开自己的玩笑，也能让自己的情绪稳定下来，神经得以放松。只要开了头，就不会感觉无从下手，切入正题后就会感觉到轻松自如。下面的这个开场白，就被传为经典。

有个身材颇为高大的演讲者，五官也大得离奇。他说：“亲爱的女士们、先生们，你们已经用自己的双眼看到我是一个什么样的人了。我的耳朵非常大，就像是贝多芬的耳朵。然而长大以后，我为这对大耳朵感到害臊了。但是，现在我对它们已经习以为常了。究根到底，它对我站在这儿演讲并没有产生什么妨碍呀！”

这些对自己某方面身体特征的幽默解说，很容易就会给听众留下深刻的印象，也能很快拉近与听众之间的距离。下面是个在演讲中巧妙运用自嘲的幽默方式做开场白的案例。

黑人领袖约翰·罗克在面对美国白人听众做关于解放黑人奴隶的一场演讲时说：“亲爱的女士们，先生们——我来到这儿，与其说是发表一次讲话，还不如说是给这个场合增深了一点‘颜色’，当然，这个颜色是黑色的。”

就是这样一个自嘲式的开场白，引得台下的听众哄堂大笑。笑声也冲淡了因为种族差异而造成的心理隔阂，让沉重的话题顿时变得轻松起来。

开场白除了能够采用曲折委婉的方式取得幽默效果之外，还可以运用速成法，即在开场时迅速抓住听众的注意力。这方面有时候可以从听众的逆反心理着手，这往往也能达到一定的幽默效果。比如一位演讲者是这样说的：“我现在只有10分钟的发言时间，女士们、先生们，我该从什么地方讲起才好呢？”这时听众们肯定会回答说：“那就从第9分钟开始讲起吧。”

的确如此，好的开场白只是整场演讲的开始，当你逐渐进入演讲主题之际，还必须继续坚持努力，营造出和开场时一样吸引听众的幽默效果。这是因为一般人的注意力都不会持续很久，特别是演讲人用极其单调的语言谈一个非常平淡的问题时，听众将会感到更无趣。

 没有幽默的语言，演讲只会枯燥乏味

通常讲话本身带来的感染力是较少的，毕竟你所讲的大多是枯燥呆板的内容，你可以看看大多数公众场合的讲话，无一例外都是“第一、第二、第三”诸如此类的条条框框，整个说话过程没有丝毫的趣味性。而对于听众来说，他们更希望听到一些有趣的内容，这就需要幽默了。幽默是说话者的聪明才智的标志，它要求有较高的文化素养和较强的驾驭语言的能力。但是，在讲话过程中，幽默只是一种风格、一种手段，并不是目的，不能为幽默而幽默，一定要根据具体的题旨语境，适当选用幽默的语言。

有一次，英国上院议员基尔正在演讲，听众都很认真地望着他，并且侧耳倾听每一个字，但就在演讲即将结束时，突然有一个人的椅子腿断了，那个人跌倒在地上。如果这时演讲的不是像基尔这样机智的人，恐怕当时的局面会对演讲产生一种不利影响。但是聪明的基尔马上说：“各位

现在一定可以相信，我提出的理由足以压倒别人。”就这样，他立刻拉回了听众的注意力，而那个跌倒的人也在别人善意的笑声中，找到了一个新座位。一个玩笑使双方都从窘境中脱身而出。

可见，在演讲过程中，幽默可以化解尴尬，重新让讲话者掌控演讲现场的气氛。

面对他人的嘲笑，要想取得论辩的成功，不但要敢辩，还要巧辩，在其中加一点诙谐的语言，会让自己更有气度，同时也令对方陷入窘境。

冯玉祥将军在担任陕西提督时，曾有一个叫安德鲁的美国人和一个叫高士林的英国人在西山随意开枪打死了受保护的野牛。冯玉祥审问了他们。

两个外国人说：“贵国政府在我们的护照上签有允许我们携猎枪的规定。”

冯玉祥说：“照此说来，如果允许你们携带手枪呢，你们不是可以在中国境内任意开枪杀人吗？”

很显然，是不允许任意开枪杀人的，那么，也就不允许开枪杀野牛。

在这个案例中，冯玉祥所使用的是否定式幽默。所谓否定式幽默，是指在两个相对的事物存在的情况下，从肯定其中一个事物出发，随之加入另一个事物的内容而达到否定前一个事物为归宿的语言艺术。

有时候，我们可以通过反逻辑的方式制造幽默。此外，还有双关式幽默，即利用一个词的语音或语意同时关联两种不同的意义并进行曲解的演讲语言艺术的方法。总之，作为讲话者，你可以参加一切有趣的谈话，欣赏体会那些使人发笑的言辞，你可以记住一些好笑的事例和机智幽默的语言，并且深知其中的含义。如果你是一个习惯严肃的人，你可以学习一下幽默，认识轻松的价值。

 在什么地方说什么话，幽默也要有所“预谋”

在准备演讲之前，不妨先扪心自问：你的主题和听众究竟存在什么样的利害关系？能否帮他们排忧解难，或实现理想的目标呢？明确这些之后，再开始讲给他们听，这样就会吸引他们的注意力。你如果是一名会计师，你可以做这样的开场白：“我现在要教你们如何才能够省下50~100元的税款。”你如果是律师，能教听众如何在生前拟好自己的遗嘱，相信听众一定会听得津津有味。在你掌握的专业知识领域内，不管怎样都能够找到对听众有所裨益的话题，以吸引他们的注意。

在演讲过程中，使用幽默最好是有所“预谋”，也就是说，不是所有的话题都能够拿来即兴幽默的。演讲者只有根据演讲内容和场合等因素有针对性地选择一些幽默话题，才能够做到投观众所好，吸引观众的注意力，进而取得你所期待的效果。

马云是阿里巴巴的创始人，曾被母校杭州师范学院邀请返校进行演讲。马云上台之后，一开口就让母校的师弟和师妹们笑得合不拢嘴：“前两天我刚刚从美国回来，在美国参加会议的时候有人就问我，我的英语是从哪里学来的，我回答说中国杭州师范学院！在我们的公司，虽然有来自北大、清华，也有一些来自哈佛、耶鲁等世界名校的学生，然而如果你在我们公司问问哪所学校最好，员工都会回答说：当然是杭州师范学院了！没有办法，因为身在阿里巴巴，他们只能这样回答。”

这样巧妙的开场，既让马云避免了对母校的刻意恭维，又用自己的切身经历表达了对母校的感激之情，并引发了一股强烈的集体自豪感；与此同时，又恰当地使用了个人成功的事例来告诉母校的莘莘学子：凡事皆由人而为，外部环境并不是影响成功的决定性因素，个人的努力才是最重要的。而个人如何去努力的部分，只有认真听完后面的演讲才能清楚。这样自然又为自己演讲的内容设置了小小的悬念，也成功地吸引了大家的注意力。

在这里，马云的幽默之所以能够取得事半功倍的效果，其主要原因就在于他非常清楚观众需要的是什么。就像作为一名商人，你必须提供出市场所需要的商品，才能尽可能多地赢利一样。马云知道他所面对的是一群虽说有青春激情但始终稚嫩、懵懂的在校大学生，他们最需要的是自信以及平凡人创造成功的可能性，他们需要的是一种引导。而作为他们的师兄——成功人士马云，恰好能够满足他们的这种精神需求，因此他的演讲才会引起他们极大的兴趣。

同样精通“因地制宜”演讲之术的还有微软总裁比尔·盖茨。2007年，比尔·盖茨受邀在哈佛大学毕业典礼上进行演讲。

众所周知，比尔·盖茨虽然曾就读于哈佛，然而他并没有取得任何学位，而是选择中途退学并创办了微软，所以，哈佛学报曾称之为“哈佛大学历史上最为成功的辍学生”。这件事也让他的这次毕业演讲显得颇为神秘。

然而，精明的盖茨却将自己的“丑闻”当作“因地制宜”的最佳题材：“我为今天所有在座的各位同学感到高兴，要知道你们拿到学位可比我容易多了。”一句略带自嘲的幽默，表达了他对毕业典礼现场的主角们——顺利完成哈佛学业的优秀毕业生们的衷心祝福。毫无疑问，这也是现场学生希望听到的最好的祝福。

在接下来的演讲中，他始终紧抓学生们的思维方向：“那么，我为何会被邀请在你们的毕业典礼上进行演讲呢？我想，在所有的哈佛辍学生当中，我是做得最为出色的，因此我有资格代表我这一类学生发表讲话。同时你们也应该感到庆幸，我并没有出现在诸位的开学典礼上。由于我是个有着恶劣影响的人，在这里我要提醒大家的是，我让Steve Ballmer（注：微软总经理）也从哈佛商学院选择了退学。因此，如果说我在你们入学欢迎仪式上进行演讲，那么能坚持到今天在这里毕业的人也许会少很多吧。”

即便是一直延续着幽默的自嘲，盖茨的话题也始终停留在毕业典礼这件事情本身，因为或许在他看来，自负的哈佛毕业生们渴望听到的不是那些谆谆教诲，不是教育他们如何才能成功的废话，更不是盖茨个人的创业成功经历，因为这些他们都了解，因此盖茨始终在自嘲。

在后面的演讲过程中，他简单讲述了自己认为什么才是人生非常有意义的事情。而“有意义”与“成功”是两个不同层面的话题，很显然，聪明的盖茨是不想引发在场的那些高才生们的厌恶心理的。

风趣的故事，最能抓住听众的心

幽默故事往往是快乐的源泉，你可以充分利用它们来为你的演讲增光添彩。比如说，你可以拿出一个笑话作为基本内容，然后再以它为母体实施变通，使之适合于任何一个已经指定的题目，或者发展它的某方面的趣味性，进而衍生出一系列笑料。

演讲时，为了增强演讲的效果，加深台下听众的印象，可以穿插一些现成的幽默故事。但是穿插时一定要注意：穿插的内容一定要和演讲的话题有关，能起到说明、交代以及补充的作用；穿插的内容务必坚持适度的原则，不可过多或过滥，因为那样往往会喧宾夺主，让演讲的中心旁移；衔接务必做到自然得当，切不可让他人觉得勉强或者说节外生枝。下面的报告中，教授穿插的歇后语就显得恰如其分。

一次，有位教授给学生作报告，中间接到一张条子，上面写着：“有人认为思想工作者是五官科——摆官架子，口腔科——耍嘴皮子，小儿科——骗小孩子，你认为恰如其分吗？”这个问题锋芒毕露。

教授回答说：“今天的思想工作者，我认为是理疗科——以理服人，潜移默化，增进健康。”

在演讲的时候，为了增强演讲效果，加深听众印象，可以运用古今杂糅法，用最时髦的现代语言解说古人的事，或用古代成语描绘现代的事，这种异相拉近的做法能大大增强幽默效果。比如，谈到消费的时代性时，可以说：“慈禧太后虽然骄奢淫逸，但她从来不吸万宝路，不喝雀巢咖啡，也不看外国大片。”讲到文凭、职称的问题时，可以说：“孔夫子一没文凭，二没职称，但他在杏坛办学习班，培养了无数哲学、伦理学、教育学的高才生。”

1955年，郭沫若先生重返日本九州大学做了一次演讲。再次来到自己的母校，郭老说：“在这里我要向我以前的老师表白，我作为一个医科大学生，事实上不是一个‘好学生’，福冈的自然景色太美了，千代松原真是非常的美丽。由于天天都接近这样好的自然美景，我在学生时代就不用功，对于医学没有认真地研究，而跑到别的路上去。”

他幽默地说：“当时我在教室里听先生讲课时，就一个人偷偷地在课本上作诗了。”

听着这些话，场内不时发出欢快的笑声和掌声。

对更高明的演讲者来说，自身经验中那些人人有同感的矛盾之处也是值得讲述的，因为它是一个很好的“楔子”。名作家吉卜林在向英国一个政治团体发表演说时，就把自己的经历当成了范例，引得全场捧腹大笑。

“主席，各位女士、先生们，我年轻时，曾在印度当记者，专门替一家报社报道犯罪新闻。这是一项很有趣的工作，因为它使我认识了一些骗子、拐骗公款者、谋杀犯以及一些极有进取精神的正人君子。有时候，我在报道了他们被审的经过后，会去监狱看看这些正在服刑的老朋友们。我记得有一个人，因为谋杀而被判无期徒刑。他是位聪明、说话温和有条理的家伙，他把他自称为‘生活的教训’告诉我。他说：‘以我本人做例子，一个人一旦做了不诚实的事，就难以自拔，一件接一件不诚实的事一直做下去。直到最后，他会发现，他必须把某人除掉，才能使自己恢复正直。’哈，目前的内阁正是这种情况。”

吉卜林没有平板地陈述记忆中的陈年旧事，而是幽默地围绕准备谈论的政治话题渲染了一些近乎怪诞的趣事，从而建立起自己跟听众之间的沟通点。只要善于利用他人和自身的一些幽默故事，妙语连珠，引起观众的共鸣，就能使自己的演讲格外精彩。

在演讲中插入风趣、幽默的语言，还要考虑到速度的问题，太匆忙和太缓慢都不能达到预期的效果。一定要掌握好速度，将时间控制得恰到好处，以便最大限度地发挥作用。

精彩的演讲，比内容更重要的是情感

情感沟通是人与人交流的必经过程，而公开场合的演讲又和私人交流有明显的区别。在演讲中，与听众的情感沟通其实是个“技术活儿”，既不能过分恭维，刻意逢迎，又不能假装亲近，随便敷衍。这时，恰当地运用幽默往往能取得意想不到的效果。

一场精彩的演讲除了要有吸引观众的内容，演讲者还必须懂得如何跟观众“套近乎”，清除陌生感和距离感，这样才能使自己所传递的信息深入人心，不落俗套，才能在听众中产生共鸣，保证演讲顺畅进行。

美国第41任总统老布什就是一个擅长“套近乎”的老手。1991年，英国女王伊丽莎白二世访问美国，老布什在欢迎宴上致辞。因为伊丽莎白二世已多次访问美国，所以老布什对女王的习惯一清二楚。他在致辞一开始就使用轻松的语气说道：“在您数次对美国的访问中，我从您身上发现了一个把我们联系在一起的品质——热爱锻炼。不管是雨天还是晴天，您的长时间的散步总是把那些想打听小道消息的狗仔队们气喘吁吁地甩在一边。很庆幸，今天我那患有纤维性颤动的心脏没有被那场激烈的竞走累垮。”

见过如此轻松、幽默而又贴切的赞美吗？几句简单的幽默表述，便轻而易举地消除了政治对话的紧张气氛，沟通了两个国家之间的感情。

在任总统之前，老布什曾经担任过美国驻北京联络处主任。后来，当身为总统的他再次回到美国驻华大使馆时，他的演说像极了一段“迟来的牢骚”。

“在异国他乡见到诸位熟悉、亲切的脸庞，确实让我有宾至如归之感。你们让琐碎的行政事务运转得如此良好，并且因为我的到来，而使得大家如此遭罪，请接受我衷心的感谢。

“因为我知道，接待一位总统的访问就像经历一场浩劫。我曾经被派驻在这儿，有过这样的经历。看到总统离开了，我确实很高兴。假如那还不够受的，亨利·基辛格又给我们增加了两次这样的经历。我知道你们对我们没什么好感。

“好吧，现在进入正题，向这里所有的中国雇员，所有家庭，所有——（此时，一个婴儿的啼哭声打断了总统）哦，没那么糟，宝贝。等会儿，就要好了——向所有在座的各位，表达我诚挚的谢意。”

老布什的这段演说很轻松，感觉像和很久不见的老朋友在对话。凭借自己曾经从事过“接待总统”这项工作的优势，老布什站在听众的角度来发言，让自己成为现场“诚惶诚恐”的工作人员的代言人，说出了大家的心声，瞬间拉近了与工作人员之间的情感距离。同时，幽默的运用也使得老布什从高高在上的总统大人摇身变成平易近人、体恤民情、善解人意的好总统，其个人形象得到迅速的提升。

当然，美国历史上精于“套近乎”的总统还有很多。在欢迎朱镕基总理访问美国时，克林顿总统也用一段幽默的夸奖传达了友好的信息，顺利实现了沟通情感的目的。克林顿总统说：

“美国人民很高兴见到您，美国人民对您很感兴趣。毕竟，不是每个领导人都既能理解全球经济的错综复杂，又能理解京剧的无穷奥妙；既能演奏胡琴，又能在说出直率的政治观点的同时，发表不客气的音乐评论。”

不难看出，人与人的沟通，幽默是不可或缺的润滑剂，特别是在面对冷冰冰的政治的时候。演讲者要想拉近自己和听众的情感距离，一定要懂得幽默的技术。

讲台不止你自己，善用身边的主持人

演讲者遇到的第一个难题通常就是：当主持人向台下的听众介绍你，并且极力称赞你的时候，你该如何做才更好呢?

在学术领域颇有名气的胡教授，有一次被邀请前往一所大学做报告。至于如何开讲，胡教授心里也没数，最后他决定按照最常规的方式开讲：“各位老师、同学们，大家好！非常高兴能在这里见到你们……”

主持人这时忙接着说：“下面就请胡教授给我们大家做报告。”

在听到主持人这样的介绍之后，胡教授突然灵机一动，拿过眼前的话筒，接着主持人刚才的话说道："这次我不是来向诸君做什么报告的，我就是来'胡说'的。"话音刚落，听众已经笑作一团，下面的演讲进展得非常顺利。

在这里，胡教授的幽默就在于巧借自己姓氏以及主持人的介绍做题材，反其本意而用之，"胡说"一词则作为点睛之词，幽默效果自然而然就出来了。胡教授通过与主持人的配合，做了一个异常绝妙的"一石三鸟"的演讲开场白，既巧妙地向大家介绍了自己，又体现出演讲者谦逊的修养，且活跃了场上的气氛，让演讲者与听众得到进一步的沟通。

很多时候主持人过于热情的介绍、过分的赞扬也会带来一些问题，应对这种情况的最好办法就是开个小小的玩笑。比方说："看来我现在被我的主持人朋友给出卖了。他曾在台下向我保证，说在座的各位会因为我的到来而深感荣幸，现在看来恐怕并非如此。"

如果你要用自己的方法来影响主持人对你的介绍，并且尝试让自己和听众的紧张情绪能够安定下来时，不妨借用一些别人说过的话。比方说，你可以借用丘吉尔曾经说过的话："我感觉自己就像是一只熊掉入了蜜蜂窝，但愿我口中的舌头不会辜负这一番好意带来的挑战。"

要么干脆说："为了今天的这次演讲，我已经足足准备了一个星期，差不多能够背得滚瓜烂熟了。只要你们大家能像墙上的那面镜子一样，我想我是能够顺利通过这次考验的。"

假如你的姓名比较特别，或者说容易出错，那么不妨运用一些幽默的方式让主持人知晓。著名演讲家德克就是此方面的行家。下面是他与主持人之间的一段对话。

"请问您怎么称呼，先生？"

“哦，我的名字叫德克。”

“那您是得克萨斯州人吗？”

“不是的，我是路易斯安那州人。”

“那您为何取名德克？”

“我认为我叫德克应该会比路易斯好一点儿吧。有这样一个怪名字的确有很多好处，不过到目前为止我还没发现这名字带给我什么好处。”

上面所说的是介绍自己的一种非常好的方式。但是，需要注意的是，在自我介绍时用语一定要真实可靠、简洁易懂，让主持人很快就能够明白，这样一来，主持人就会非常乐于同你合作。在和主持人之间建立起融洽关系的基础上，还需要运用幽默的力量来应对一些突发状况。

一位演说家在主持人介绍失误以后，面带微笑，从容地对现场的听众说：“我希望我能够告诉大家这是一次最好的介绍，但事实并非如此。你们知道让我最为满意的一次介绍是如何得到的吗？那是一次面对千万人的演讲会，我十分盼望能够得到最伟大的介绍，结果这个机会终于让我得到了。那就是由我自己进行自我介绍。”

这时，场下一片大笑，演说家也摆脱了尴尬的局面。

就像幽默理论家赫伯·特鲁所说的那样，“当一个演说家站在舞台上，如果说知道笑是一剂良方，自己却不打开瓶盖去服用，那几乎能够断言他是一名失败者”。在演讲过程中，同主持人幽默地配合，不仅能得到主持人的支持，还能够加深听众的印象以及听讲的兴趣。

总之，一个成功的演讲者，是不会忽视主持人的存在的。他会与主持人进行密切的配合，让演讲更顺利地进行下去。

即兴而来的演讲，用即兴的风趣赢得掌声

如果能在演讲或当众讲话的过程中，充分运用幽默的语言，就能够大大提升你的魅力和吸引力。若希望即兴讲话能够有效地抓住听众的注意力，就需要融入风趣幽默的语言。有的即兴讲话是在灵感迸发时产生的，这样的讲话通常会在讨论会上、酒宴上、各种聚会上，偶尔也会在意外情形中产生。这种即兴讲话大多风趣、幽默，讲话者可以通过别人的一席话来使自己产生联想，或者借景生情引出自己的思绪，达到风趣幽默的目的，让自己的讲话趣味十足。

知名作家库恩前往一位评论家的新居就餐。库恩在举起椅子时不小心将灯罩碰掉了。这时，那位评论家立即笑着说："这盏灯罩的碎片可千万不能够随便丢掉，我又有一件向现代文学馆捐赠的礼物了。要知道这可是大作家库恩亲手打碎的灯罩呀！"

这一席话说得满座笑语，宾主尽欢。

在这里，评论家的当众发言之所以能够赢得满堂彩，正是因为他恰到好处地运用了幽默语言。

通常，制造幽默的方式有很多，不仅能用语言的形式展现给观众，很多时候还可以用一些视觉的方式来告诉大家到了乐一乐的时候了。而在演讲过程中，这些视觉的幽默就显得特别重要，往往能够收到画龙点睛的神奇效果，让你的演讲取得成功。

如果你觉得需要将视觉和听觉的幽默汇合在一起来活跃现场气氛，就要尽量使用那些出人意料并且极富机智巧妙的方式。这种方式的运用能够让会场的气氛变得轻松愉快。

很多时候，演讲过程中可能会出现一些突发事件，比如停电、某人撞翻茶杯等，那么在演讲者和听众之间的信息交流受到外界阻碍时，我们应该如何才能避免出现尴尬的局面，从而使演讲顺利地进行下去，并取得成功呢？

如果想解决这个问题，还需要运用幽默，依靠幽默的力量来使你摆脱面临的困境。比如说停电时，你可以这样说："看来主人没按时交付电费呀。"或者干脆来几句俏皮话："现在我们来谈个条件，如果你们听完这个故事还不发笑，那么以后我就再也不讲它了。"这些俏皮话往往能够帮你应对那些演讲中以及生活中遇到的突发事件，让你摆脱尴尬。

人们通常在特定的场景中发表即兴讲话，为了使讲话有趣，不妨关注眼前的客观事物，从而让自己产生某种兴致而临时发表讲话。所谓"兴之所至，有感而发"，这种讲话大多是风趣而幽默的。

相比那些枯燥无味的讲话，听众更青睐于那些风趣而幽默的讲话。本来，参加某种活动是一件愉快的事情，如果在开始之前还来一番枯燥的讲话，岂不是减少了活动本身带来的欢乐气氛；若是参加会议，就更需要发表有趣的即兴讲话了，会议本身是枯燥、呆板的，若是来一点有趣的即兴讲话，某种程度上会让听众疲劳的大脑得到暂时的休息。

某领导在为文联做形势报告时，当他走上台来，一眼就看到了洁白的台布上放着一个插满鲜花的花瓶，他小心地把花瓶移到台下，然后发表了这样一段讲话："我这个人做报告时很容易激动，激动起来就会手舞足蹈，这花瓶放在台上就有点碍手碍脚了，说不定我一激动，就碰翻它，把它摔破了，我这个普通干部还赔不起呢！"

这种即兴讲话，不仅活跃了气氛，而且委婉地批评了讲排场的风气，让听众在笑过之后领悟其中的深意。幽默是活跃气氛最好的武器，它可以缓解活动或会议现场的紧张、尴尬气氛，重新营造一种愉快的气氛，同时还可以展现说话者自身的涵养。对于公开场合的说话，获得听众的好感才是说话成功的关键之一，而幽默正是获得听众好感的有效方法。在较为正式或严肃的场合加上幽默贴切的语言，往往会使气氛活跃起来，同时也会让说话者在笑声中逐渐放松。

有头有尾才完美，幽默的结尾才是画龙点睛

美国作家约翰·沃尔夫说："演讲最好在听众兴趣到高潮时果断收束，未尽时戛然而止。"对于每一个演讲者来说，结束语是一个极其重要的步骤，尤其对于竞聘演讲来说更是如此。我们可以说，结束语是演讲者走向成功的垫脚石，结束语精彩，就好像乐曲结束时的"强音"，直达听众的心里；结束语糟糕，则好像吃花生米，吃到最后一颗却发现是坏的，又苦又涩，这会让整个演讲大失光彩。有时我们会听到诸如此类的结束语，"我想我已经啰唆得够多了"，"我不知道自己是不是把这个问题讲清楚了"，"我通常并没有这么兴奋，也许是因为咖啡的缘故"，如此的结束语几乎会毁掉整个演讲。在实际演讲中，我们应该善用幽默结尾，这样才算是点睛之笔、锦上添花。

我国著名作家老舍先生是好幽默的。他在某市的一次演讲中，开头即说“我今天给大家谈六个问题”，接着，他第一、第二、第三、第四、第五，井井有条地谈下去。谈完第五个问题，他发现散会的时间就要到了，于是他提高嗓门，一本正经地说：“第六，散会。”听众起初一愣，不久就欢快地鼓起掌来。

结尾对于演讲的重要性早已毋庸置疑。一个演讲者能在结束时赢得笑声，不仅是自己演讲技巧十分成熟的表现，更能给本人和听众都留下愉快美好的回忆，也是演讲圆满结束的标志。在多种结尾中，幽默是最能被听众接受的。我们在公共场合的演说，如果也能以幽默、风趣的语言结尾，那么，可为演讲添加欢声笑语，使演讲更富有趣味，令人在笑声中深思，并给听者留下一个愉快美好的印象。

美国诗人、文艺评论家詹姆斯·罗威尔1883年担任驻英大使时，在伦敦举行的一次晚宴上发表了一篇名为《餐后演讲》的即席演说。最后他说：“我在很小的时候听人讲过有关美国一个卫理公会牧师的故事。他在一个野营的布道会上布道，讲了约书亚的故事。他是这样开头的：‘信徒们，太阳的运行方式有三种，第一种是向前或者说径直的运动；第二种是后退或者说向后的运动；第三种即在我们的经文中提到的——静止不动。’先生们，不知你们是否明白这个故事的寓意，希望你们明白了。今晚的餐后演讲者首先走径直的方向，起身离座，做示范——即太阳向前的运动。然后他又返回，开始重复自己——即太阳向后的运动。最后，凭着良好的方向感，回到终点。这就是我们刚才说过的太阳静止的运动。”在欢笑声中，罗威尔重新入座。

这种紧扣话题的传神动作表演，惟妙惟肖，天衣无缝，怎能不赢得现场听众的热烈掌声和欢笑声？演讲的幽默式结尾是不胜枚举的。关键是我们要具有幽默感，并在演讲中恰如其分地把握住演讲的气氛和听众的心态，才能使演讲结束语产生“余音绕梁，三日不绝”的轰动效应。

里根总统曾经在一个颇不寻常的时间空当——斗午宴之前发表过一次讲话，他的最后两句话就非常巧妙：“很感谢你们，愿上帝能够保佑你们。下面是你们现在十分期待从我嘴中听到的一句话：‘我们马上吃饭吧，现在就开始！’”

演讲的结束语有很多种，幽默式的结尾是其中比较有趣的一种。如果一场演讲能在大家的笑声中结束，就能给演讲者与听众双方都留下一份愉快而又美好的回忆，这也是演讲圆满结束的形式化的标志之一。

在一次全天高层会议中，尼尔·拜伦是此次会议的第18个演讲者，也是最后一名演讲者。他知道台下的听众们已经厌烦到了极点，于是他将自己已经准备好的长达5页的演讲浓缩为下面的几句话，也是他在此次演讲中唯一的几句话：“非常感谢大家为我们的闭幕大会而留了下来，我当然也很希望保留到最后的也是最美好的。今天我的演讲主题就是‘如何在销售工作中保持你的持久的激情以及耐力’。关于这个主题我并不打算多说废话，因为在座的各位只需要转过身去，和你桌子对面的人交谈一下此番的感受和意见就足够了，相信在座的各位所经历的切身感受会比我所能讲的要深刻得多！”

他说完这番话后，会场的疲惫气氛顿时一扫而空，与会的听众欣喜地将最热烈的掌声送给了他。

尼尔·拜伦就是把握住了听众的心理，知道在这种令人厌倦的氛围中，不管多么动听的演讲都是白费力气的，于是索性将主动权丢给听众，再将此次演讲内容和现场听众的切身感受结合起来，既幽默风趣，又简短有力，让人不得不拍手称叹。

然而，并非只要是简短的演讲结束语就能取得好的效果。在这里，除了简短以外，还必须具备精彩的内容、深远的寓意。这就需要我们借助幽默的力量来实现。

艾森豪威尔在担任美国总统之前，曾经担任过哥伦比亚大学的校长。期间他曾经参加过一次宴会，当时有几位名人都进行了长篇演说，但是主持人最后还请他再进行一次讲话。艾森豪威尔注意到时间已经很晚了，迅速决定删去他原先已经准备好的演说内容，站起身来即兴发挥："每一篇演讲无论它写成书面的或者其他形式，都应该使用标点符号，那么今天晚上，我就做一次标点符号中的句号好了。"大家马上报以热烈的掌声。有人评价说，那次演说也是他一生中无数次演说中最著名的一次。

因此，结论的最后几句要仔细斟酌，让听众闻之而终生难忘。我们可以依托会场当时的情境，找出一个和听众之间的情感上的共鸣点和联系点，让听众能够大笑，让听众进行思考，让听众站起来为演讲者鼓掌喝彩。

下篇

每个人都有情感，幽默使之浓情蜜意

★ 第八章　生活中不能没有朋友，幽默之人最拢人心

★ 第九章　想要浪漫，就为爱情穿上幽默这件晚礼服

★ 第十章　幽默是家庭调味剂，有它在家里永远欢声笑语

第八章 生活中不能没有朋友，幽默之人最拢人心

话语充满幽默，朋友自然越来越多

在交际场合，我们最终的目的是与陌生人成为朋友，所追求的是一团和气，而不是争执、冲突。谁朋友比较多，谁就是最大的赢家，因为朋友就是人脉。俗话说："在家靠父母，出门靠朋友。"假如在交际场合中我们可以多交一些朋友，经常与朋友谈心、聊天，这样就会慢慢地拓展我们的交际圈子，我们所了解的信息也会越来越多。而且，在与朋友的相处过程中，我们可以以他人之长补己之短。若是遇到了什么难过的事情，或遇到了什么重大的困难，身边的朋友也可以为我们出出主意。伤心难过的事情，可以找朋友倾诉；开心幸福的事情，可以跟朋友分享。虽然，这是众所周知的道理，却有不少人道出"交友难"的苦水，似乎自己并不差，但好像就是得不到别人的认可，这该怎么办呢？其实，交友难，难就难在交友的方法上，而幽默却是一种很有效的方法。即便陌生人见面了，假如能

幽默一点，那气氛将变得十分活跃，双方之间的交流也会变得更加顺畅，同时还为日后更加和谐融洽的人际关系奠定坚实的基础。

张也明特别喜欢跟客户聊天，每个客户都是他的哥或姐，嘴巴甜和脑子很灵活都是他的优势，幽默的语言始终装在他的脑海中。

有一次，女客户阿涩在微信上向他抱怨："你们公司卖的抽纸太少了，也就只有200张吧，每次看电视剧，哭着哭着就没有抽纸了。"张也明笑着说："姐，具体我不知道有多少张，根据我看韩剧的经验，一般一包纸都不够我哭的，有时候我会摆个十包抽纸放在桌上，同时撕开用。"阿涩笑起来："想不到小张的泪腺比我们女人都丰富啊，看来我还是买少了。"

你看，多么幽默的一个小伙子，一下就把抱怨的姑娘给逗乐了。

交朋友是一个长期的话题，人的一生都会在不断交友中度过，每个时刻的朋友都会不一样，每一个环境的朋友也都不同，回忆一下，泛泛之交太多，而真心交流的朋友太少了。

有人看了很多交友书籍后却发现自己完全没有交友的能力，他觉得自己的书读错了，于是换了一堆书，结果某一天幡然醒悟，靠技巧交的朋友又有多少是真朋友呢。

这是一个一直都存在的争论，到底是原始交友好，还是技术交友好。其实这个问题跟缘分有点儿像，到底是自然而然的缘分好，还是勇追而来的缘分好呢？从学术的角度看，一个是自然派，一个是现代派，前者表现的是无所谓的态度，而后者是"我命由我不由天"。

作为一个社会人，你必须做技术派，如果不往前走一步，那么你就会往后退一步，当人生退后一步的时候，见识等各方面都会呈现落后的征兆，你没有交往的那些人可能会让你的人生更加积极向上，让你本人越来越富有魅力。

交友的态度确定以后，我们应该直接实施技术派交友的方法。无论是内在计划派还是外在技术派，我们都不在此展开文字探讨，这里只讲幽默交友之道。

在日趋疏远的社会群众中，当你两个月不见好友，可能在路上彼此见了都忘记了长相，这种说法可能有点夸张，但这种快餐式的活动下，很多交流都越来越短暂，就像广告越来越短，而图书的文字也越来越少一样。

信息时代，对文字的运用让很多人的交友经验都异常丰富，来不得半点虚假，如果在文字中表现得幽默一点，就很容易让人们第二天继续跟你沟通，而表现得平淡一点，则会让人忘记你的相关事情。可以选一个幽默的短信，在平日里给一些好友发送，以保持沟通，如下面的短消息就很合适。

馒头和面条打架，馒头被打哭了，回家叫上花卷和包子去面条家报仇，结果这次是方便面开门，馒头说："你小子把头烫了，我也认得你！"

电话、微信交友也一样，幽默的语言是除了优秀的嗓子以外最吸引他人的地方。一个人喜欢跟你聊天，或者是因为业务往来，或者是因为感情，或者是因为某种吸引力。

当一位身材矮小的男教师走上讲台的时候，台下的学生有的面带讽刺，有的则交头接耳，暗中取笑。这位老师扫视了一下全班同学，然后不无幽默地说："上帝对我说：当今人们没有计划，在身高上盲目发展，这将产生严重后果。我警告无效，你先去人间做个示范吧。"听到老师这样的话，全班哄堂大笑，然后变得非常安静。显而易见，他们都对老师的幽默敬佩不已，而忘记了他身材上的缺陷。

当我们变得幽默，我们的朋友就会越来越多，陌生人也会成为新朋友，更多的新朋友会逐渐成为老朋友。面对这些新老朋友，彼此之间是没有交流障碍的，我们可以以幽默的谈吐说天说地，包括过去有趣的事情、未来美好的愿望，工作中的成绩、家里的烦恼都可以跟朋友一起分享，同时，在这个过程中，我们还可以收获更多的友谊。

安慰并不简单，在笑声中忘记痛苦

在我们身边有许多人渴望得到宽慰，有可能是失业的朋友，有可能是身患绝症的同事，有可能是正经历婚变的大学同学，有可能是患重病的亲人，等等。面对困境中的他们，我们能帮什么忙呢？对我们而言，目击他人的伤痛与不安，是一件异常痛苦的事情，我们经常会想办法解决它，或者采取某些行动。然而，有的人不懂得宽慰对方，或者为了避免说错话，选择什么都不说，错失了表达关心的机会。其实，当朋友需要支持，或者需要帮助的时候，我们应该尽可能地用言语去宽慰对方。可面对伤痛，太多的言语反而显得苍白无力，这时我们该怎么办呢？不如试着用诙谐的语言劝慰对方。在笑声中忘记痛苦与烦恼。这不仅是一种友善的行为，也会令对方心存感激，继而使彼此之间的关系更为亲密。

一个胖女人非常贪吃，除了一日三餐，她还各种零食不离口，最终导致消化不良。于是她前去求医。

医生看到她肥胖的身体，就知道是怎么回事了。除了给她一些助消化的药外，医生还对她说："我送给你一剂开胃的名药吧。"

胖太太忙问是什么开胃药，医生告诉她："饥饿就是最好的开胃药。"

胖太太明白了医生的意思，会意地笑了。

这位医生用幽默的方法间接地劝告胖太太要少吃，避免了直接刺激她"胖"的话题，因而获得较好的规劝效果。

要想成功地劝说对方，除了自己掌握真理之外，还应该掌握正确巧妙的方法，如果能巧用幽默，委婉提醒对方，更能打动人心。

有一位爸爸，总是自视甚高，在孩子面前，从来都认为自己是对的，把权威硬压在孩子的身上。孩子想让爸爸意识到这个问题，但又怕伤爸爸的自尊，就采用了如下方法。

儿子问："爸爸，是不是大人总比孩子知道得多？"

爸爸答："那还用说！"

儿子又问："那么，电灯是谁发明的？"

爸爸答："爱迪生呀！"

儿子最后问："那爱迪生的爸爸怎么不发明电灯？"

爸爸顿时哑口无言。

幽默地劝说他人，就要尽可能顺着对方的意思说，让对方感到劝导者是他的同盟，从而乐意听从劝说，并接受劝导一方的观点，这样劝导成功的可能性才会更大。

在日常交际中，当几个朋友闲来无事坐在一起聊天的时候，就可以把幽默的语言作为一种增进感情、互相安慰的调味剂。假如朋友生病了，为了不提及对方的伤心事，我们不应该直接询问病情，而且即便给予安慰，也无法真正地消除朋友内心的阴影。这时我们应该想办法给朋友带来一份好心情。幽默的语言就派上用场了，比如，你可以说："你多么幸运啊，我也希望生点病，好让我安静地躺在床上休息几天。"这样幽默的语言往往是一种安慰患者的有效方法，而且还能够给对方带来欢乐。

一个因丧妻而患严重抑郁症的老年男子，对任何人的安慰都十分反感。一日，一个老朋友登门造访，全然不提病情、疗法之类，只是问："不知是否想过，假如你先去世，而尊夫人还活着，那会是怎样一种情形呢？"这位男子脱口便道："噢，那对她来说太可怕了，她该遭受多么巨大的痛苦呵！"那老朋友听罢便继续开导："你看，现在她却没有这个痛苦，那是因为您的安然无恙才使她免除了痛苦，所以，现在你必须尽一份义务，付出一点代价，那就是以继续健康地活下去的决心，为你心爱的人免除痛苦，这代价是值得的！"

短短一番风趣的话，让那老人豁然开朗，同时也令老人心中充满感激。人生在世，总会遭遇到诸多不幸，当我们健康幸福地活着的时候，也不要忽视了的身边的朋友、同事以及亲人的伤痛，适时为他们送上亲切的宽慰之语，令他们充满感激。若他日我们有了什么困难，他们也不会袖手旁观的，这就是人情所在了。

有时候，劝慰语言并不是一本正经地表达某种同情，它可以诙谐一点，这样所表达出来的效果会更贴切。比如，安慰失恋的朋友，可以这样说"你虽然失去了一棵大树，但换来了一片森林呀"。

搞笑可以，但隐私绝不可充当笑料

当我们拿别人的隐私来开玩笑时，这不仅不会使人发笑，有时反而会让自己受到伤害，甚至陷入危机之中。

谁都有自己的秘密，都有一些藏在心里不愿让人知道的事，所以，当和朋友闲聊时，即使你们感情再好，也不要去揭别人的伤处，或是将别人的隐私公布于众，更不能以此作为笑料。要知道，当你说出了别人的隐私，你可能是说者无意，但听者却是有心啊！这样就会给自己树立一个自己不知道的敌人。

一个茶馆老板和妻子结婚刚刚两个月，就生了一个大胖小子，为此邻居们赶来祝贺。老板的一个要好的朋友吉米也来了，他送的礼物是纸和铅笔。老板谢过之后，就问："吉米，给这么小的孩子送纸和笔，不是太早吗？"

吉米说："不会的，您的孩子很性急，本该九个月才出生，但他偏偏两个月就出世了，六个月以后，他肯定能去上学，所以我才提前给你准备了纸和笔。"话刚说完，人们都大笑起来，茶馆老板夫妇则无地自容。

这位朋友调侃别人的隐私已是不对了，何况还选在一个公众场合揭别人的短，或许他是无意间这么做的，但这样随意的调侃，很可能会让他失去一个多年的朋友。

其实像吉米这样的人还有很多，他们总喜欢将调侃别人当成一种乐趣。就许多模范丈夫来说，对妻子服服帖帖，本来就是夫妻双方你情我愿的事，但偏偏就有一些无趣的人喜欢将此事当作谈资，完全不顾及别人的面子。

一群人在闲聊。

A：“C能说说你是怎么当丈夫的吗？”

B：“那可真是‘三从四德’啊！”

A：“真的？”

B：“千真万确，所谓三从就是：太太出门跟从；太太命令服从；太太说错盲从。四德（得）则是：太太化妆等得；太太生日记得；太太打骂忍得；太太花钱舍得。”

顿时，C被气得说不出话来。

很明显，B为赢得一些廉价的笑料，不顾C的面子而调侃，这无疑是对C的一种伤害。同时，这也显得B缺少教养，对自己的形象也是一种伤害，只是B暂时还感觉不到这种伤害罢了。

另外，工资也属于个人隐私。因为不同的人干不同的工作，获取工资多少，不单是个人能力高低问题，也会有不同的工作价值取向在里面。而只以工资多少来看人，只能反映出这个人对工作价值理解的浅薄。

一群人在沙滩上玩乐。这时小王抓起一把沙子，笑着对大家说：“你们看这沙子就像小杨那微薄的工资一样，不管他抓得多么紧，总会从手指缝漏去，最后就只剩那么一点。”众人听后大笑，而小杨的脸色却十分难看。

小王这种拿别人隐私来幽默的做法，很可能会让小杨的自尊心受到伤害。幽默也是会伤人的，尤其是在涉及别人的隐私和缺点时，所以，当我们说幽默话的时候，一定要拿捏好度，千万不能拿别人的隐私开玩笑，不能伤害别人。

 关系再好的朋友，开玩笑也得有个底线

按照关系定律，你站在一个位置，距离这个位置越近的人越是跟你关系不错的人，那么说话的方式就可以以此来定。说话的时候，每个人在每个场合说话都不一样，有些人说得让对方难以接受，有些人说得让周围人难以接受，有些人说得让自己难以接受。

李蒙最喜欢做的事情就是和女生聊天，他几乎都不跟男生聊天，让人以为他是gay，可是周围的女生最不喜欢跟他聊天，每次都说得人家面红耳赤的，可是他又一副娘娘腔，让女生完全不好说什么。

办公室新来了一位漂亮女同事，李蒙开始跟她套近乎，可是对方已经有男朋友，李蒙也有女朋友。李蒙每次喝酒后就给这个女同事打电话，总是说很想她，让她给自己一个机会，做异姓兄妹。在办公室的时候李蒙还说，就想吃女同事给她做的饭，这样可以将姐妹进行到底。

女同事觉得李蒙平时很幽默，每天笑话不断，很吸引人，可是他这样做就不是幽默了，太具有攻击性了，完全不知道轻重地对待她，让女同事大为光火，她可不愿意跟这个人发展更深的感情。

跟人交往，不应该把一种幽默放大到无限。因为再好的幽默也不能得到所有人的认可，跟吃饭一样，南北口味不同，男女口味不同，大人小孩口味不同，每个家庭的口味也不一样，如果把一种口味的幽默用到所有人的身上，很容易让人伤神，费心不讨好。

王翔为人实在，幽默风趣。有一天，老婆问他：“老公，你说我瘦了

吗？”王翔看着老婆丰满的身材，说：“老婆，你每天都吃那么多，怎么可能瘦下来呢。”老婆大发娇嗔：“什么嘛，人家就是多吃一点而已。”王翔看着某些部位有点臃肿的老婆很无语。

中午午餐，大家一起边吃边聊。一个身材瘦弱的同事谈起了自己刚刚看的一个新闻：“美国有好多胖子都有几百公斤了，据科学家调查，人们容易发胖就是管不住自己的嘴，我们每天摄入的营养要比身体所需的营养多太多，胖子都是活受罪。”王翔想到了早上老婆的行为，对此深表同意，接着同事的话说：“可不是，胖子都要为自己的行动负责，胖不是一个道德的行为，他们胖纯属自找。”结果把公司里胖一些的同事都得罪了。

开玩笑的尺寸多少才适合，跟朋友的距离多少才能达到幽默的长度，是需要思考的。如果是好朋友，可以拿人们时常讽刺的幽默来开玩笑，可以引起人们的共鸣，换了不熟的朋友，恐怕会被人说你不分轻重，不懂分寸。

如果你的附近有女性听众，不要拿皮肤、幸福、人生、婚姻、孩子、房事等话题来开玩笑，很容易“说者无心，听着有意”，无意中引起矛盾，或者得罪他人。

刘晓萍快四十了，可是因为先天的原因还没有孩子，而孩子已三岁的同事小李在旁边叽叽喳喳地说起了最近听到的一个八卦。

两个女人进了协和医院大厅，其中一个肚子挺大的，是马上要分娩的孕妇。一个护士走过来问道：“你是要生了吗？”孕妇回答：“是的。”护士例行公事地说：“顺产还是剖宫产？”

孕妇眉头一皱，“剖宫产吧。”

护士看了孕妇的大肚子一眼：“那怎么不住院呢？”孕妇笑着说：

“没事儿，不着急，床位好像满了。”

好心的护士说：“我一会儿帮你问问看，有床位没，今天日子不错，八月八日，能生就生了吧。”

小李说完了，然后来了一句总结：“旁边的人都觉得这个孕妇心太大了，现在生孩子的都不着急。”

刘晓萍心里一阵不舒服，其实她很希望自己有孩子的，可是老天不帮忙呀。刘晓萍咬了咬牙说：“现在生孩子容易，带孩子太辛苦了，好多外婆和奶奶都不愿意带孩子呢。”

小李的脸色一阵红一阵白，因为她自己因为没人带孩子，在家待了好久。

如果是关系不错的好朋友，可以以两个人常见的相处方式随便说话，按照两人已有的默契说话来保持双方关系的畅通。因为双方都很了解对方，所以要避开对方的“伤疤”进行交谈，这样才能让伤好得更快。

再要好的关系也总有一些底线，对男人来说，老婆是不能被别人随意拿来开玩笑的。再好的关系，也不能拿对方的不足开玩笑，即使可以开玩笑，也不能开得过多，这样不仅让对方烦躁，还容易让对方觉得你对他有恶意。

道歉时加些幽默，微微一笑泯恩仇

俗话说：“智者千虑，必有一失。”一个人再聪明、再能干，也总有失败、犯错误的时候。著名军事家孙子曾说：“过也，人皆见之；更之，人皆仰之。”在日常生活中，我们都不可避免地会做错一些事情，但是，做错了事情并不可怕，只要能够及时认识到错误并改正错误，以幽默的方式向对方认错，这样就能有效解开矛盾，消除笼罩在彼此心头的怨气。人际交往中，有可能会说错话，有可能会做错事，这就难免会得罪到他人，使原本和谐友好的人际关系出现了裂痕。但是，在错误发生之后，如果我们能及时认错，语言委婉而风趣，主动承担责任，一般情况下，是能够得到对方的原谅的。假如你发现自己错了，却不愿意道歉，甚至处处找借口为自己辩解，这样不仅得不到朋友的谅解，反而还会受到道德上的谴责。因此，我们不能小看了认错的作用，而且，我们还需要学会幽默地道歉，这样才更容易赢得对方的谅解。

有一个人在路上骑自行车，结果不小心骑到了道路的左边，正巧和迎面驶来（骑自行车）的一位男青年相撞。

估计那位男青年被撞痛了，火气很大，张嘴就嚷：“你学过交通规则没有？骑车为什么不靠右边走？”面对男青年的盛怒，这个人却不慌不忙地笑着说：“要是所有人都靠右行，那么左边的路不就空着了！”

这句地地道道的“幽默狡辩”把男青年给逗笑了，也把自己的过失给冲淡了，男青年满肚子的火气似乎都随着笑声消散了。

然后，靠右骑的人又微笑着向男青年道歉，男青年愉快地接受了，客客气气地道别之后，两个人各自回家了。

一场可能发生的冲突，就这样被一句幽默给排解了。

一次偶然的机会，马克·吐温与雄辩家琼西·得彪同时应邀参加一个晚宴。席上演讲开始了，马克·吐温妙语连珠，情感丰富地讲了20分钟，赢得全场观众的热烈掌声。

轮到得彪上台演讲时，他突然发现自己的演讲稿不知去向了，要是硬着头皮凭记忆讲下去，不但会远远输给马克·吐温，而且自己在公众心目中的形象也会因此大打折扣。

稍作思考之后，得彪站起来走到台上，环顾满怀期待的台下听众，他面有难色地说："诸位，实在抱歉，会前马克·吐温先生约我互换演讲稿，所以诸位刚才听到的是我的演讲，衷心感谢诸位认真地倾听及热情地捧场！然而，不知何故，我找不到马克·吐温先生的讲稿了，因此我无法替他讲了。请诸位原谅我坐下。"

场下的观众先是一愣，旋即爆发出热烈的掌声。

马克·吐温精彩的演讲使得彪处于一个心有余而力不足的位置上，这种情形下得彪的演讲只能超越而不能逊色或者与他打平手。聪明的得彪避开正面锋芒，利用一个幽默的"谎言"巧妙地掩饰自己的过失，甚至在某种程度上超出了马克·吐温。

同样是药丸，外面裹上糖衣的药能让人更轻松地入口。同样，出现过失的时候，与直接道歉相比，幽默地为自己辩解更容易让人谅解和接受。

幽默而巧妙的道歉，能够挽救友谊危机，化解尴尬气氛，继而巩固友谊，推进新的人际关系的发展。不过，在这其中，道歉也是需要技巧的，比如，温斯顿·丘吉尔对亨利·杜鲁门的第一印象十分不好，后来他告诉杜鲁门，自己曾一度严重地低估了他。他仅用了一句高明的恭维话表示了自己的歉意。

当然，我们在认错的时候，需要注意当发现自己说错话或者做错事情的时候，就需要及时地认错，认错越及时越有效果，我们很难想象在几十年后才说“对不起”会发生什么。当然，认错的最佳时机还应该选在双方都心平气和的时候，这样对方更容易接受你的道歉。此外，认错并不是等对方开始责备再道歉，这时候你已经激起了对方的怒火，因此，我们需要先发制人，率先批评自己，再加上风趣的言语，这样对方就不好意思再责备你了，而且，也会宽容你的错误言行。

幽默不是讽刺，别把快乐建立在别人的尴尬上

我们在使用积极正面的幽默来赞美周围的人与事时，就如一句谚语所说的那样——“送人玫瑰，手留余香。”反之，如果在不恰当的场合，或不该使用讥讽的口吻说话，却用讽刺幽默来面对周围的人与事时，就会让身边的朋友疏远你。

在这个竞争日益白热化的时代里，由于生活、工作中的种种压力，人们越来越渴望用幽默让自己快乐起来。然而很多人误解了幽默的含义，以致将讽刺错认为是幽默，把自己的欢乐建立在他人的尴尬上。有的人认为自己比别人优秀，因此会在言语中让别人觉得他高人一等，甚至还会在言语中讽刺别人不如自己。对此，即使别人再谦逊，恐怕心里也会愤愤不平。

有一天，一位富家少爷应邀参加一个慈善舞会，他在会上邀请了一位身份平常的慈善女成员跳舞。女子很不好意思地说：“您怎么会和我这样一个平凡的人跳舞？”富家少爷幽默地说：“这不也是一件慈善事业吗？”

很明显，这位富家少爷的幽默是抬高了自己，贬低了他人，实在是让人难以发笑。当女子听完他的话后，或许会正色对他说：“我想我还是不接受您的慈善为好。”

朋友间的友情是需要好好维系的，而婚姻更需要小心呵护。婚姻就好比是珍贵的水晶，美丽且易碎，因此夫妻间更应注意自己的言辞，切勿将幽默变为讽刺，以免让美丽的水晶留下疤痕。

老王平时很喜欢开玩笑捉弄别人。一次，老婆对他说：“同事都说我胖得像猪。”老王义愤填膺地说：“他们怎么能叫你猪呢？这实在是太不像话了！总不能人家长什么样就叫人家什么吧！怎么能说你像猪呢？那简直是侮辱了猪。”老婆听后，狠狠地瞪了他半天，最后喊道：“老王，我要跟你离婚！”

本来老王的妻子是想得到丈夫的安慰，没想到，丈夫却直言说妻子连猪都不如！要知道，不论是什么样貌的女人都忌讳别人说自己不好看，何况还是自己的丈夫。所以，当妻子听到丈夫的这番话后，自然会气得想要和他离婚。

对有的人来说，的确是无心讽刺对方，有的人却是真的想通过讽刺对方来达到自己心理上的满足。但有时他们也会“讽刺反被讽刺误”，被对方反讽刺，以致让自己丢了颜面。

有一天，小林刚从朋友家回来，恰巧在街上迎面碰上了两个平时总爱挖苦别人的同事。

随后，同事很热情地和小林打了个招呼，其中一个拍了一下他的肩膀说：“小林，我们刚才正在为你而争论，你说你这个人究竟是更无赖，还是更愚蠢呢？”

小林马上抓住他们两人说：“哦，答案就是，我处于这二者之间。”

小林的这个回答，不仅使那两位自以为是的同事没有达到讽刺别人的目的，反倒把他们给绕了进去，自讽了一回。

讽刺就好比是一个哈哈镜，当你面朝它时，就会从镜子里看到自己扭曲的外表，可笑的也只会是自己。所以，我们应该找到一面真实的镜子，以弄懂什么才是真正的幽默！

多赞美身边人，没有人不喜欢听好话

假如说赞美就像是春季的天空，那么适当的幽默就如同空中飘飞的风筝，添了几分生机；假如说赞美像清澈的泉水，那么适当的幽默就如同在水中嬉戏的游鱼，添了几分灵动；假如说赞美是一份真诚的礼物，那么适当的幽默就如同外包装上美丽的蝴蝶结，恰如其分地表达着美丽与温馨。

作曲家海顿有一位法国作家朋友，这位作家曾这样赞美他早期的弦乐四重奏。

第一小提琴像一位健谈的中年人，不断找话题来维持谈话。

第二小提琴则是第一小提琴的朋友，他总在强调第一小提琴话中的机智，却很少表白自己；就像参加谈话时，他只支持别人的意见，而从不提出自己的意见。

而大提琴是一位庄重的老者，很有学问却爱讲道理，他的论断简单却中肯，总在支持第一小提琴的意见。

说起中提琴，就是一位善良却有些饶舌的妇人，她讲不出什么重要意见，却经常与人拌嘴。

身为作家，当然他的语言表达能力是普通人难以企及的，这位作家并没有直接夸弦乐四重奏怎么好听、怎么优美，而是幽默地把四重奏拟为四个人的谈话，生动形象，不仅使人明白了四重奏的特点，而且用文学化的语言称赞了海顿的音乐水平。这样的赞美就像赠送礼物时美丽的包装，并没有实际意义，却能让受礼者更加开心。

愿意听到别人赞美自己是人的天性。一个人若受到赞美，就会由衷地感到高兴并对赞美者产生好感。所以，真诚的赞美可以拉近双方的关系，缩短彼此的距离。然而，要想把赞美运用得得心应手，还应学会一些技巧，从而让自己的言辞更能让人接受。

拿破仑很反感别人跟他说奉承话，有一位士兵却聪明地说出了自己的奉承话，并且让拿破仑开心地接受。士兵是这样说的："将军，您居功至伟却最不喜欢奉承话，您真是值得我们学习的人。"拿破仑听了感到很高兴，丝毫没感到这是奉承。

这个士兵之所以能够成功赞美拿破仑，原因就是他很熟悉拿破仑的脾气秉性，深知其讨厌奉承话。士兵紧紧抓住了拿破仑不喜奉承这一优点来赞美，自然就让对方高兴地接受了。

谁都喜欢被赞美和夸奖。赞美就像微风雨露，能够在乍暖还寒时催开真诚的花朵。如果在赞美时能适当添加幽默元素，就会令对方在接受自己的夸奖和赞美时，还能感受到温暖和真诚，给人生增添一丝甘甜。

幽默还能帮人们排忧解难。任何人在现实生活中都会经历各种坎坷、磨难或者尴尬。假如人们面对这些不顺时，能报以幽默潇洒的态度，就能不断地积累经验教训并坚守自信，逐步迈向成功的目标。反之，如果沉沦于失败中，则有可能逐渐失去一切。

生活中，人们常常感到困难无处不在，会在出其不意时撞上，让人不堪忍受。它就像是在与人玩捉迷藏，大家总会尽力躲避它，却不知什么时候就会被它找到。如果一个人在不经意间遭遇挫折时，表现得太过焦虑或痛苦，只会让自己的处境更为尴尬，相反，假如一个人能镇定地思考与分析，并采用幽默的方法去面对当时的形势，则有可能获得意想不到的结局。

但丁有一次在参加教堂礼拜时，由于陷入沉思之中，竟然在举起圣餐时没有跪下，几个对他怀有敌意的人看到了这个小小的错误，便立刻去向主教告状，污蔑但丁有意亵渎神圣，要求对他进行严惩。当时正处于中世纪，宗教占据无上的统治地位，这个罪名不是小事，因此主教很重视此事。

于是但丁被带去见主教，知道了一切指控以后，但丁为自己辩解说："主教大人，我认为他们这是诬蔑。那些指控我的人假如像我一样，把眼睛与心灵都朝向上帝，那么他们就不可能东张西望了。可见在整个仪式中，这些人并不专心。"主教听完后笑了，他认为但丁说得很对，非但没有对但丁采取惩罚措施，还夸奖了但丁一番。

但丁巧妙运用了幽默，不但争得主教的欢心，并且借势打击敌人，从而摆脱困境。

说到赞美，幽默的赞美还需要注意一点，就是一定要找准切入点，否则不仅很难让对方开心，还会让人家把你当成虚伪、爱奉承之人。

《调谑编》记载了一件关于苏东坡的趣事：

北宋诗人郭祥正有一次途经杭州，把自己写的一首诗拿去给苏轼鉴赏。可能是对诗作太过得意，郭祥正不等苏轼细看，就声情并茂地吟咏起来，直读得感情四溢，声闻左右。

读完诗后，郭祥正问苏轼："请问，这诗能评几分？"

苏轼不假思索地说："十分。"

郭祥正有点不敢相信，疑惑地问："苏老师，你不要客气，我这诗真的能得十分？"

苏轼点点头说："你刚才吟诗，七分来自读，三分来自诗，不是十分又是几分？"

从苏轼的评语来分析，郭祥正的诗恐怕并不是很好。但是，郭祥正能如此热衷于写诗，并全心投入地加以朗读，苏轼也不想泼他的冷水，反而想适当地赞美他一下，以示鼓励。这种赞美自然不能太夸大其词，让郭祥正自己搞不清状况，所以苏轼给他打了个十分，但又告诉他这十分读占七分、诗占三分，使得这赞美有了一种再接再厉的鼓励意味。

生活中，假如你不得不说一些赞美话，千万不要咬紧牙关说谎，也没必要把对方吹得天花乱坠。倒不如向苏轼学学，小小地赞美一下，更多地给予鼓励，这比乱扣"高帽"式的赞美要让人受用得多。

当然，夸奖别人也不能无所顾忌，我们应该本着一颗真诚之心去夸奖别人，不要让别人觉得你言不由衷。另外，我们夸奖的内容应该是对方所在意的，就像那位士兵称赞拿破仑不喜奉承一样，必须把话说到对方的心坎里。比如，见到中年女性，我们可以称赞她们身材苗条、婀娜多姿；遇到老年人，我们就要称赞他们身体硬朗、精神矍铄，等等。最后，赞美一定不要太生硬，要加入适当的幽默作为润滑剂。

朋友身处尴尬，运用你的幽默解围

林语堂先生说："幽默是一种人生态度。"幽默的语言能使紧张的气氛顿时显得轻松活泼，化解交际中的尴尬情境。在日常工作，幽默的语言风格无处不在，它成了我们与上司、同事交际的调节剂。其实，幽默本身就具有一种特性，一种令人愉悦的特性；幽默感更是一种能力，它能有效地影响他人心理，增进人与人之间的关系。有时候，身边的朋友或同事会陷入某种尴尬中，我们就需要运用幽默的语言来为他人解围了。当面对一些充满恶意的语言或尴尬的场面，我们不需要硬对硬，而应换个角度看问题，用幽默的语言来应对，这样就能够帮助他人摆脱尴尬处境，使整个气氛变得轻松愉快。

在日常生活中，幽默是化解尴尬的良方，幽默的语言往往能够令人化怨为喜，开怀大笑，从而达到为他人解围的目的。当然，幽默的语言并不是油滑、浅薄的耍嘴皮子，而是一种智慧，它在传达信息的同时，还可以随机应变，往往能够帮助他人在瞬息之间摆脱窘境。或许，我们身边的人不善于言辞，常常令自己陷入难堪的境地，这时，身为朋友的你就要发挥幽默的天赋了，说上几句妙语，就能够令难堪的人缓过神来，摆脱尴尬的境地，所谓“帮人即是帮己”，你若是仗义帮他人解围，定能够赢得他人更多的信任。

有位老师应邀到北京某大学中文系作家班举办学术讲座。在谈到自己喜好的诗作，准备朗诵一段时，发现诗稿放在一个学员的课桌上，老师便走下讲台去拿。教室是阶梯式的，老师上台阶时，一不留神栽倒在第二级台阶上，不少学员偷笑起来。那位老师脸红了，这时，与老师一同前来的同事接过了话筒，指着台阶说：“你们看，上一个台阶多么不容易啊，老师想告诉我们这样一个道理：生活不容易，作诗也不容易。”那位同事的话语顿时赢得了台下学生的掌声。

那位同事接着说：“一次不成功不要紧，再努力！”在他说话的同时，那位老师已经恢复了平静，微笑着走上了讲台，继续自己的演讲。

那位同事通过此情此景，巧言化解了老师的尴尬，当然，在这个过程中，相信那位幽默的同事也给下面的学员留下了深刻的印象。幽默是一种说话的艺术，需要我们注意在特定的场合中察言观色，适时幽默几句，这样就能有效地帮助他人摆脱尴尬和窘迫了。事实上，生活中的任何事情都包含着两面性，其中的对与错、利与弊都是相对的。因此，在帮助他人解围的时候，我们需要辩证地看待问题，扬长避短，这才是幽默打圆场的技巧。

理发店里新来了一个学徒，三个月后，他正式上岗了。他给第一位顾客理完发，顾客照照镜子说：“头发理得太长。”学徒有些不好意思，头很低，一言不发。站在旁边的同事小王笑着解释说：“头发长使您显得含蓄，这叫藏而不露，很符合您的身份。”顾客听了，高兴而去。

学徒给第二位顾客理完发，顾客照照镜子说：“头发留得太短。”学徒脸红了，没想到顾客还是不满意。这时，同事小王笑着解释：“头发短使您显得精神、朴实、厚道，让人感到亲切。”顾客听了，欣喜而去。

学徒给第三位顾客理完发，顾客边交钱边嘟囔：“剪个头花这么长的时间。”学徒手足无措，同事小王马上解释道：“为‘首脑’多花点时间很有必要，您没听说：进门苍头秀士，出门白面书生！”顾客听了，大笑而去。

学徒给第四位顾客理完发，顾客边付款边埋怨：“用的时间太短了，20分钟就完事了。”学徒又是不知所措。同事小王马上笑着抢答：“如今，时间就是金钱，‘顶上功夫’速战速决，为您赢得了时间，何乐而不为？”顾客听了，欢笑告辞。

在这个故事中，小王真是能说会道、机智灵活，每次都能用幽默的语言为身边的同事解围，巧妙地打圆场。而且，每次幽默的解释都使那位学徒摆脱了尴尬，同时，也让顾客转怨为喜，高兴而去。以幽默的方式帮助他人解围，这需要我们从善意的角度出发，以幽默的话语缓和紧张气氛、调节彼此之间的人际关系。这对于我们增进与他人之间的关系大有裨益。

幽默的交际，让朋友成为挚友

游走在社交场合的我们虽然名片越来越多，但无话不谈的真正朋友却很少，似乎大多数朋友都是场面上的。与人见面，无非就是“您好”“再见”，除此之外，似乎再也没有什么话可说了。对于交际场合中的朋友，即使打了招呼说“您好”，还需要巧妙周旋几句才能说“再见”。许多善于运用幽默的社交高手，风趣寒暄几句，就拉近了彼此的心理距离。等到再次见面的时候，曾经场面上的朋友已经成了很好的朋友。在生活中，客套的“场面话”是不可或缺的，它犹如黏合剂，拉近了人与人之间的心灵距离。一旦缺少了适时的场面话，就会使整个交谈尴尬窘迫，甚至不知道接下来该说些什么。特别是对于那种还比较陌生的朋友，适时的场面话更不可缺少。所以，在日常交际中，我们需要适时风趣寒暄几句，给人留下深刻的印象。

新年就快到了，公司为了庆祝，特地举办了一次鸡尾酒会。销售部最年轻的经理小王也参加了，跟不同的客户寒暄了几句，小王就躲进了角落里喝橙汁，他不太擅长说场面话，所以，自己躲起来图个清静。没想到，一个商人模样的老外却走过来打招呼，小王赶紧放下冰橙汁，与他握手。那位老外笑着说：“为什么你的手冷冰冰的呀？”小王忙着解释，朝那杯冰橙汁指了指，老外马上摇头：“不不不，你只需要说‘但我的心是热的’就行了。”小王窘迫地笑了。

也许，老外并不关心小王的手为什么是冰冷的，而小王也没有必要解释为什么自己的手是冰冷的。当两个陌生人见面时，他们所需要的只不过是风趣地寒暄几句，这样可以在有限的时间内给人留下深刻的印象。一般情况下，那些诙谐幽默的场面话，定会对给对方留下深刻的印象，无形之中就拉近了彼此的心理距离。

雪后初晴的一天，作家盖达尔正在公园里兴致勃勃地堆雪人。忽然，在他身后响起了“咯吱咯吱”的踏步声，他回头一看，一位年轻姑娘正向他走来。姑娘彬彬有礼地向他伸出右手说：“我认识您，您是作家盖达尔，我读过您的全部著作。”盖达尔听了微笑着幽默地说了一句：“我也认识你，你或许是七年级或十年级的学生，我也读过你全部的书，代数、物理、三角。”这时候，姑娘笑着做了自我介绍，从此，他们便成了好朋友。

在日常交际中，寒暄的目的就是结识朋友，同时也是为了增进彼此的感情。我们所说的话，就表达了自己的情绪和情感，我们所要传递给对方的信息全在这句话里，因此，一定要增加幽默的元素，风趣的话往往能起到意想不到的作用。

寒暄是人们在应对各种关系时的现象之一，这是日常交际的需要，但并不意味着你的寒暄说得越多越好，而在于越风趣越好。毕竟，在交际场中，人们所听到的寒暄并不少，他们只会记住那些特别的。而幽默是完全具备这个特质的，当许多人习惯性地说“您好”，你却风趣地说一句“这个世界太小了，竟然在这里遇到你了”，那肯定会给对方留下十分深刻的印象。

第九章 想要浪漫，就为爱情穿上幽默这件晚礼服

幽默是粒种子，让爱情结出美丽的花朵

幽默是将欢乐撒向人间的快乐天使，它可以洋溢于日常生活中的每一个空间。同样，在恋爱、婚姻、家庭的领域，更是留下了一片五彩斑斓的幽默题材。幽默故事与材料本身就像一座开采不尽的矿藏，随时都能挖取出东西，只要稍稍加工，就能美化、装点自己的生活，为生活增添笑声。

某数学家和女朋友在公园散步。

女朋友问道：“我满脸都是斑，你真的不在意吗？”

数学家温柔地答道：“是的，我绝不会在意！因为我生来就喜欢跟小数点打交道。”

生命就好比是一朵花，爱情就是花上的蜜，而幽默则是采花后酿造的

蜂蜜。

爱是男女间的感情交汇。男人和女人是世界上最奇妙的存在。难怪夏洛蒂·勃朗特会这样说：“男人就好比是太阳，女人就好比是月亮。当太阳和月亮的光合在一起，就会组成一个美妙的世界。”

在这个世界，幽默总是扮演着守护神的角色，在危机时，它能给人提供安全感；在悲剧时，它能引人向喜剧方向发展。

对恋人来说，双方之间的默契与幽默感具有一种特殊作用：它能让双方在片刻之中发现很多美好的共同事物，不管是从前的、现在的，还是将来的，都会使时间与空间暂时消失，从而只留下美好、欢乐的感觉。

1774年，富兰克林丧偶，1780年他在巴黎居住时，向他的邻居——一位迷人且有教养的官孀艾尔维斯太太求婚。

富兰克林在情书中是这样说的，说自己在梦中看见了自己的太太与艾尔维斯太太的亡夫在阴间结婚了。接着，他又续写道：“那我们来替自己报仇雪恨吧。”

当时这封情书被誉为文学的杰作、幽默的精品。

在写情书时，尤其是第一封情书，不管你的感情沸腾到何种程度，最好都不要直接去说“我爱你”。因为对含蓄的女子而言，这不是高明的表现，有时会被对方厌恶，甚至有的人还会认为这是缺乏修养。

一位男青年在写给女孩的信中说：“昨天晚上，我梦到自己向你求婚了，你怎么看呢？”女孩巧妙地回答：“这只能说明你睡眠时比醒着时更有感情。”

有一位姑娘说，男朋友在给自己的一封信中，只写了很短的一句话：“我已中箭了，而且是丘比特的金箭。我祈求你一样中箭，但不是铜箭，而是金箭。”传说，凡是被爱神丘比特金箭同时射中的男女，都能缔结良缘。假如一人中金箭，另一人中铜箭，那中金箭的人就只能“单相思”。小伙子正是巧妙地运用了这个神话，以此来给姑娘留下良好的第一印象。

热恋中的男女，由于理念的相通、语言的投机与各种环境的影响，产生亲密念头的机会就很多，这是一种正常的心理现象。

虽说从恋爱到结婚是性意向的产物，但对于婚前的亲密举动，有的人采取直接或粗暴的表达方式；有的人则是采取正统、规范、符合社会伦理道德的表达方式；此外，还有另外一种表达方式，那就是幽默。

直接表达亲密愿望有点庸俗，正统的表达方式又太古板，而幽默的表达方式，既可以表明自己的心愿，同时又不伤害对方。

不妨来看看下面这位小伙子对女朋友的表达。

男：“我非常苦恼，昨天晚上我梦到我一个人和很多苗条女郎在一起游泳，真的好可怕啊！”

女：“哦，那你可真有运气，这有什么好可怕的。”

男：“因为我梦到自己也是女的。”

很明显，小伙子在女友面前是从反面说出他对女性的好奇。小伙子的意思就是说：“可惜我梦见自己是个女的，要是个男的就好了。”

其实，热恋中的女性和男性一样，都在内心渴望一些亲密行为，只是她们隐藏得比较好，因而她们的幽默就会显得更加含蓄。

一对热恋中的男女，一天男友去女友家里，见女友买的鸡是一只雌鸡和五只雄鸡，就奇怪地问：“你怎么只买了一只雌的，却买了五只雄的呢？”

女友回答："这样，雌的就不会像我一样寂寞了。"

或许，女友在买鸡的时候并不是这样想的，但恰遇良机，女友便幽默地将自己的心情向男友表达了出来。

此外，将幽默用于情爱生活，会比靠纯粹游戏而产生的趣味要容易。因男女双方都有取悦对方的心愿，所以只要一方稍做努力，另一方自然是心有灵犀一点通。

若能在恋人面前表现出幽默的智慧与情趣，双方不仅能共享欢乐，同时还能深深地吸引对方。

有一对恋人坐在公园里。

男的说："我很多朋友都夸你漂亮。"

女的非常兴奋地说："是真的？"

男的说："是啊，还说你不仅漂亮，而且还很迷人。"

女的高兴地说："真的吗？"

男的说："是的，不过你只能迷住那些没有经验的男孩。"

女的失望且困惑地说："那是为什么呀？"

男的说："因为你和他们一样年轻、纯洁、朝气蓬勃、活泼可爱。"

女的心花怒放地说："你太坏啦！"

幽默是爱情的种子。在男女关系里，常常会有一些微妙心理支配着每个细微的行动，假如你能有技巧地掌握、运用好这些因素，那么你就会在热恋中感受到更多的甜蜜。

 幽默的表白，对方怎能拒绝如此有爱的你

幽默是爱情的催化剂。那到底该如何向恋人表露自己的爱慕之情呢？虽然这没有固定的模式可循，也没有现成的话语，却可以运用幽默的求爱方式，即便不能成功，也不会给今后的交往造成障碍，并且还能保留一份美好的回忆。

当你把一种语体的表达改为另一种不同风格的语体来表达时，往往会使人忍俊不禁。倘若能用这种方式来向对方求爱，就有可能会让对方在轻松愉悦之中欣然接受。

电影《阿飞正传》中，就有这么一段很有创意的幽默情话。

一个慵懒的下午，阿飞对苏丽珍说："看着我的表，就一分钟。16号，4月16号。1960年4月16号下午三点前的一分钟你与我在一起，因为有你，所以我会记住这一分钟。而从现在开始我们就是一分钟的朋友，这是一个事实，你无法改变，因为那一分钟已过去了。明天我会再来。"

如此幽默有创意的情话，相信没有几个人能抵挡得了！反正苏丽珍没有，这是她的内心独白："我不知道他有没有因我而记住那一分钟，但我却一直都记住这个人。之后的每一天他都来，我们就这样从一分钟的朋友变成了两分钟的朋友，没过多久，我们每天至少要见一小时。"

其实，在现实生活中也有这样的例子，一个男孩就是用这种新颖的赞美方式，娶到了自己心中的"白雪公主"。婚后，妻子幸福地诉说了他们浪漫的爱情。

“当我在大学里做兼职银行出纳员时，一个很帅的小伙子几乎每天都到我的窗口来，每次都是存款、取款。直到他将一张纸条和银行存折一起交给我时，我才明白他是为了我才这么做的。

“亲爱的颖：我一直都储蓄着这个想法，希望有一天能得到利息。假如你周五有空，能否将自己存在电影院里我旁边的那个座位上吗？我已经将你可能有约会的猜测都记在了账本上；若真是这样，我会取出我的要求，并将它安排在周六。不管贴现率怎样，陪伴你我始终是很愉快的。我想了一下，你应该不会认为这要求太过分，以后再同你核对。真诚的林。

“我最终无法抵制这诱人、新颖的求爱方式。”

实际上，情书就是用来表达内心的真挚情意，也是一种极为强烈的“印象装饰”，因为它通过优美的文词与修饰过的语句，来抒发内心的情感并打动对方的心，让对方看了能欢喜、感动。因此，情书必须写得深情款款，这样才更能打动对方的心弦，赢得芳心。

爱是离不开幽默的，情书也是如此。幽默的求爱、求婚方式，会更有魅力，更富于使人心动浪漫的情趣。在同对方的交往中，倘若你能扬长避短，在言辞上多下点功夫，并用幽默风趣的谈吐制造出一种活泼、有趣的交际氛围，那么你就会在不知不觉中获得对方的青睐。

写情书就好比是投石问路，以此来试探对方对自己的感觉，假如你的表现过于庄重、严肃，那么一旦遭到回绝，情感上就会难以承受，以至于陷入痛苦之中。因此，若能恰当地运用幽默技巧，并以豁达的气度来对待恋爱问题，那么即便得不到爱，至少也不会感到懊悔，同时也不会伤害到别人的自尊。

恋爱时，经常会有人因不知怎样求爱，或方法不当、言语不得体，使对方误解，甚至产生厌恶、反感，结果将本应美好的事变成了非常糟糕的事，以致双方“情人不成，成仇人”。

要想获得对方的好感，并进一步转化成爱情，首先就要有真诚的心，更重要的是，表达时一定要机智、幽默。因为爱的表达是需要技巧，需要花心思的，也就是要考虑到如何获得对方的好感和信任。要学会将好感巧妙地转化成爱情，而不是一味地死缠烂打，让人心生厌恶。制造好感是求爱的准备工作。总之，运用新奇、幽默的方式来向异性求爱，往往能收到更好的效果。

如若幽默有创意，又有几个人能够抵挡

跟女孩子第一次接触时，大部分男孩子最惯用的办法是预先设计程序、语言，有的甚至提前准备一张纸条，见面之后直接塞给对方了事。一般情况下，这种办法的效果并不是很理想，因为我们根本就无法预知实际的情形，比如，在什么样的场合、还有谁在场、女孩会是什么态度、说什么话，等等。而使用幽默是不需要预先设定的，它能够敏感地捕捉现场信息，加以引申，产生幽默效果，使对方莞尔一笑。

在与异性交往过程中，几乎所有人都有说错话的经历，犯错也是无可厚非的，说错了也没关系，只要能迅速想出补救措施就可以化险为夷。许多社交高手都能做到这一点。

在一次私人聚会上，一位男士对坐在他对面的女士产生了好感，为了引起对方的注意，他主动搭讪："见到你很高兴，你丈夫怎么没一起来？"

"对不起，我还没有嫁人……"

“哦，明白了，原来你丈夫是个光棍！”

这位女士先是被男士问得非常尴尬，但立刻被男士的话逗得脸上有了笑容。男士带有冒犯性质的问话没有惹恼女士，因为他含蓄地传达了自己单身及想与女士成为伉俪的讯息，女士从跟男士的交流中也能体味到他的幽默气质，后来，他们真的成了一对情投意合的夫妻。

肉麻的情书有本事让恋人心荡神摇，于是，那些担心面对面地用语言表达爱情会失败的年轻人都会借助情书，因为情书可以字斟句酌、细细思量，自己语言表达不到的地方也可以摘引别人的诗句。比如“你是我的生命”之类，由于情书中大多为修饰过的文辞语句，爱情在情书中被刻意地装饰或肆意地夸张，所以情书比语言表达更能给情人制造想象的空间，更容易打动对方的心。这种修饰或夸张的情话如果稍有过火或不当，其幽默色彩也是非常明显的。下面是一则经典的情书幽默。

有个男孩先给女朋友写了一封情书，然后又给父母写信要钱，结果粗心大意地装错了信封。于是，女朋友收到的信是：“亲爱的爸妈，我最近谈了个对象，那女孩花钱很厉害，所以我的钱总是不够用，下次要多寄500元。”

而他爸妈收到的信是：“我的心肝，我的生命，我一切的一切，我爱你，无论我家老头儿多么反对，我都要爱你一辈子！”

如果说情书在传递上造成的种种幽默在实际生活中并不多见的话，那么情书在文字内容上的幽默可真值得我们细细品味。那一句句火辣辣的话语代表着情感之火尽情地燃烧，或许只有用人间最美的事物来比喻和赞美。这些话语源于精心的装饰，在当事者眼中也许是最可心动神摇的，但在旁观者看来，有些明显荒谬的言辞本身就是一种幽默。

 如果爱“吃醋”，就多端几盘饺子来

在恋爱中，有些恋人是经常吃醋的。比如有这样一个关于“吃醋”的典故。唐太宗李世民执政时，有一次要为宰相房玄龄赐一位美妾，而房玄龄的妻说什么也不同意。太宗得知此事大怒，并赐她毒酒一杯，让她选择：是同意房玄龄纳妾，还是喝毒酒而死。于是房玄龄的妻子毫不犹豫地接过毒酒一饮而尽，却没有一点中毒的迹象。最后才得知，太宗赐的只是一壶老陈醋而已。这个故事，也是女人爱吃醋的由来。

由此可见，吃醋本是对自己所爱的人，或是对其他异性交往的一种嫉妒所引起的不满。不妨看看下面的这个幽默故事，或许可以帮你理解上面所说的交往的范围界定。

一对恋人去参加聚会，随后女孩发现男友正在不停地用羡慕的眼光偷看身旁坐着的艳丽女郎，于是女孩便悄悄对他说：“你还是去和她说句话吧，要不别人会以为你是她未婚夫呢！”

在这个故事中，女孩运用的是一种钝化攻击，一下就将男友的失态唤了回来，男人自然会比较容易接受，同时，还能使自己的醋意变得更加温和、恬淡而富有情趣。

其实，对吃醋的一方，完全可以借用幽默避其锋芒，转弯抹角地将对方的醋意弹压一下，这样既不会刺伤对方，同时也能消解对方的妒意，以维护双方的爱情。要知道，一方打翻醋坛子，无非是想表明自己的妒忌，却也能给爱情生活增添不少光彩。

有一对恋人一起去参观美术展览，当他们走到一幅只有几片树叶遮掩着私处的裸女像前时，男友停在那里不想离开。

女友实在忍无可忍，便狠狠地揪住男友喊道：“喂！你是想站到秋天吗？”

这位将醋吃到画上裸女的女友，幽默神经可是够发达的。其实，在我们周围随时都能看到一些聪明的恋人如何用幽默的方式来表达爱情。

有一天，一个女孩去男友家里玩，不料竟在男友抽屉里翻出了一大沓美女照片，为此女孩很是吃醋。

而男友则是丢之不忍，留之不行，于是灵机一动，在每张照片背后写了一句：“再美也美不过我的女友。”

女孩看后方才眉开眼笑。

其实，醋意谁都会有，无论是男人还是女人，都是一样的。若没有了醋意，那也就很可能失去了爱情，但倘若醋意大到敏感、猜疑、神经质，甚至影响到恋人间情感的程度，就不好了。所以说，醋吃得适量能开胃，吃多了则伤身。这一点需要男女双方好好把握。

一次在电梯里，仅有3个人。男士目不转睛地注视着美丽的长发女郎，为此他的女友十分不满。

忽然，女郎转身给了这位男士一记耳光，并说：“我教训你，是为了警告你下次不许偷捏女孩子！”

随后，这对恋人走出电梯。这位男士很委屈地对女友说道：“可是我真的没有捏她呀！”

女友笑着说道：“我知道，因为是我捏的她。”

在适当的时候，恋人之间若能经常开些小玩笑，便能丰富两人的感情生活。但这位女友的做法实在是太过幽默了，以致让自己的男友白白挨了别人的耳光。试想一下，假如这位男士的脾气不好，那么两人必定会发生矛盾。

幽默的女人，总会让男人难以离开

女人要想开启男人爱情的欲望，就必须学会幽默，适时娇嗔几句，说得男人心花怒放，他自然会对你百般疼爱，爱恋有加。当然，幽默风趣对于恋爱中的女孩子来说比较容易，但若对结婚几年的女人好像就有些困难了，并不是腻了，而是不知道怎样来表达自己的幽默，如果硬要说点什么，那就只剩下唠叨、争吵了。婚后，爱的激情被柴米油盐的琐碎生活磨掉了，女人逐渐丧失了幽默感，慢慢变得唠叨，这难免会让男人厌倦。这些不懂得“顽皮”的女人，不要等到丈夫有了外遇，才抱怨自己为什么总是被忽视，为什么自己无止境的付出却被抛弃。女人应该反省一下，自己身上是否还有爱情的痕迹？幽默的妻子，总会让丈夫感到新奇，那些娇嗔的语言，总会唤起丈夫内深处的爱。

小李与老公约好下班出去吃饭，已经到时间了，可小李由于工作没完成还不能出去。等小李忙完工作，到了约定的饭店一看，老公阴沉着脸，气呼呼地坐在那里。小李缓慢地走了过去，说：“都是这双讨厌的凉鞋，早不崴脚，晚不崴脚，偏偏赶上这时候，唉，我疼点无所谓，却耽误了你的时间，真让我过意不去。”说完，小李还一脸疼痛和自责的表情。老公心疼地说：“你该让我去接你嘛，快让我看看脚。”小李低下头，却把脸别开，原来她在忍不住笑。

还有一次吵架，老公要离家出走，小李却挡在门口说：“自古以来都是女人离家出走，你这么做不符合事物发展的客观规律。”老公说：“你想怎么样？”小李坚定地说：“我走，我要把属于我自己的东西全带走，哼！”说完不由分说拉着老公就跑下楼。老公问：“你究竟要干什么？”小李说：“你是我的东西啊！”老公说：“我才不是东西呢！”说完，自己觉得不妥当，又急忙改口说：“我是东西。”说完，两人都忍不住大笑起来，一片乌云就这样散开了。

女人偶尔幽默一下，可以博得男人的宠爱。因为在女人面前，男人所扮演的既是朋友，也是兄长，有时候甚至是父亲的角色。如果女人表现得幽默、调皮，像小孩子一样，那给男人的感觉就好像女儿一般，自然可以激发他隐藏在心底的爱。

每个女人在恋爱时总是千姿百态的，一会儿顽皮，一会儿妩媚，一会儿性感，一会儿天真，百变的形象让男人看花了眼，从此跌入了温柔乡。但女人在结婚后往往忽视了这些情调，她们不再千姿百态，而只是无休止地唠叨，结果让男人生厌。对此，女人应该要找回恋爱时的感觉，不要觉得不好意思，在自己爱的人面前，还有什么难为情的呢？展现女性的魅力，唤回男人的爱。男人是单纯而微妙的动物，因为单纯，所以很容易安抚；因为微妙，所以只需要多用心，常说一些诙谐而有趣的语言，就可以察觉和洞悉他的心。

《红楼梦》第十九回写宝玉到黛玉房里，见她睡在那里，就去推她，黛玉说：“你且别处去闹会子再来。”宝玉推她道：“我往哪里去呢？见了别人怪腻的。”黛玉听了，嗤的一声笑道：“你既要在这里，那边去老老实实地坐着，咱们说话儿。”宝玉道：“我也歪着。”黛玉道：“你就歪着。”宝玉道：“没有枕头，我们在一个枕头上。”黛玉道：“放屁！外头不是枕头？拿一个来枕着。”宝玉看了一眼，回来笑道：“那个我不要，也不知是哪个脏婆子的。”黛玉听了，睁开眼，起身笑道：“真真你是我命中的‘天魔星’！请枕这一个。”她把自己的枕头让给宝玉，自己又拿一个枕着。

林黛玉个性比较清高，但在贾宝玉面前，她也会展现自己风趣的一面。抢枕头的事情虽然很小，他们所用的语言也是平日里的口语，但在两个相爱的人之间，却起到了打是亲、骂是爱的效果，而诙谐则成了示爱的一种活泼而随意的方式。

日子太过平淡，往往会让相爱的人失去激情，他们逐渐变得平淡，再也回不到往日的活力。但偶尔的顽皮幽默就好像天空中闪烁的星星一样，哪怕只有短暂的出现，却可以唤醒爱的活力，迸发情感的火花。对爱人幽默的内在动力是宠爱、喜欢、愿意等情感，女人适当幽默确实是爱情甜美的秘诀之一，当两个人争吵时，适当幽默可以缓和气氛；当两个人甜蜜语时，幽默可以让气氛更和谐。幽默的女人总是特别有女人味，男人都喜欢风趣的女人。

给对方一个表白的权利，给自己一个拒绝的机会

任何人都有爱与被爱的权利，假如对方请人转告或暗示，希望和你建

立恋爱关系，而你的心里对此人并不十分满意，那当然就要想办法拒绝。

需要注意的是，拒绝求爱的语言一定要恰当，最好能够委婉幽默，既要将自己的意思表达清楚，又要让对方没有心存幻想的余地，但不能太不近人情。特别是对身边的同事或同学，拒绝对方的求爱更应注意方式方法。假如你当时不加考虑，生硬地说“不”，那么若干年后，你就有可能会后悔，因为当初你拒绝的除了爱情，还有珍贵的友情。

有一位漂亮的姑娘突然收到一封情书，看过之后，才知道是单位里表现一般的小林所写的。

“简直是癞蛤蟆想吃天鹅肉！”姑娘一气之下便将情书贴到了单位的墙上。为此，小林被羞得无地自容，原来想追求她，此时连想也不敢想。

10年以后，小林已经找到了自己称心的伴侣并有了可爱的女儿，而漂亮的姑娘却因为眼光高还是单身一人。

若你真的不喜欢对方，那么对于对方抱着谈情说爱想法的约会，最好婉言谢绝，使其明白你的心思，并放弃对你的追求，但切勿伤害对方的自尊心。即使求爱者的条件和你所要求的相差甚远，你的拒绝也一定要委婉，这样对别人和自己都没有害处。

有一个小伙子当众向一位姑娘表达倾慕之心。

姑娘问道：“你真的爱我吗？”

小伙子：“是的，我敢对天发誓……”

姑娘：“那你用什么证明呢？”

小伙子：“用这颗赤诚的心。”

姑娘委婉地说：“对不起，你是唯‘心’主义者，我可是唯‘物’主义者啊！”

小伙子嘴里说的“赤诚的心”，跟唯心主义和唯物主义的哲学名词没有任何牵连，可姑娘在这里把它们硬给联系到一起，使人感到非常谐趣新奇之余，也将拒绝的意思传递给对方。就像我们前面讲到的，有些人也会采用幽默的语言来求爱。在这种时候，如果被追求的一方要拒绝对方的求爱，更应该幽默以对，这样不仅能够达到自己拒绝的目的，而且还能让求爱者会心一笑。

护士曹颖长得漂亮又机灵，大家都很喜欢她。这天下班，办公室年轻的张医生对她说：“小曹，一起去吃饭好吗？我有一件非常重要的事想跟你说。”

曹颖马上就明白了“重要”的含义，于是，她笑着说：“好啊！我也刚好有事情要请你帮忙呢。”

张医生一听高兴极了，满脸笑容地说：“行，只要是帮你的忙，我绝对两肋插刀。”

曹颖又笑了：“可没那么严重，不过是我男朋友脸上长了几颗青春痘，我想问你怎么治疗效果更好一些。”

采用类似幽默含蓄的拒绝方法，一般情况下都很有效，能够使对方不损颜面地知难而退，再见面时也不会过于尴尬。在爱情的角力之中，被拒绝的一方免不了会有受伤的感觉。如果拒绝的一方能够主动安慰一下，那便再好不过了。

在拒绝一名男子的求爱后，漂亮的小姐安慰他说：“不过，你不必过于伤心，我会永远欣赏你的好眼光。”

以一种赞许的姿态来回应别人的爱慕，不仅是一种有良好教养的表现，也是一种十分得体的处世方法。拒绝别人是一种与人相处的艺术，拿捏好分寸是最为重要的。如果运用好幽默的权杖，就不会让对方感到难堪，并可以很好地表达自己的意思。

幽默是把双刃剑，用不好也会起反效果

那些足够幽默、风趣的人，总是能够让自己的恋人陶醉在爱河之中。但对初相识的人，一定要慎用幽默，因为，女性最迫切需要的是男性的“力感”，所以，初交女友时，一定把握好幽默的分寸，只有将力感发挥到一定程度，且双方关系足够密切后，才可适当地使用幽默来增强美感，这样才能取得更好的效果。

一对恋人相爱很久，感情非常深。一次，他们一起看话剧，可第二幕还没有开始，男孩就一本正经地对女友说道：“还是别看了，咱们哪有那么多时间等啊！”女孩十分疑惑地说：“精彩还在后面呢，咱们又没有急事啊！”男孩指着字幕说：“你看看，那不是说第二幕在一年后才演吗？”女孩笑着轻轻捶打男孩。

假如男女相识不久，第一次约会看话剧，也来这么个幽默，对方一定会觉得那个男孩很不正常，或是认为他太幼稚做作了。

有一对恋人到商场去买兔皮大衣，女友非常喜欢那件黑色的兔皮大衣，但又担心它不能适应雨雪，于是便问男友："它会不会怕雨雪啊？"男友十分幽默地说："当然不会怕，你看过哪只兔子下雨打伞啊？"这句话一说出，便把女友和服务员都逗笑了。服务员还一直夸女孩的男友聪明风趣，这让女孩感觉脸上很有面子，并由此加深了对男孩的感情。反之，若是刚认识女孩，这样说就有可能让女孩误认为男孩不够稳重、成熟，即便是服务员一直夸奖男孩，她也会对他慎重考虑的。

处于热恋之中的人，要记得多利用幽默来给爱情加温，这样能营造出轻松愉快的氛围，使爱情生活更加富有情趣。只要你能挑动幽默这根弦，便可以和你的恋人奏出一曲和谐的恋曲。

一位历史学硕士生，在热恋之时，仍然手不释卷地用功读书。

为此，女友十分不满地说："祈求上天让我也变成一本书。"

硕士疑惑不解地问道："为什么啊？"

女友回答："那样你就会整日整夜地把我捧在你的手上，进入你的心里了。"

硕士见状，赶紧打趣地说："那可不成，要知道，我每看完一本书都要换新的……"

女友急了，说道："那，那我就变成你书桌上的古汉语词典！"

说完此话，她自己也不禁笑了起来。

宋代文人秦少游（秦观）与苏小妹曾有不少作诗联对的趣事，也可作为爱幽默的好例子。

入洞房之前，苏小妹故意刁难秦少游，于是便出上联“推门拥出天上月”，这下可把才子秦少游难住了。此时，苏东坡急中生智，将一块石块投入池中，秦少游顿时领悟，马上接出下联“投石冲开水底天”。

这种技巧型的机智幽默是很耐人寻味的。当恋爱到了一定程度，两人就会结婚，因此，洞房花烛时不妨幽默一下，以此来给爱情生活做个愉快的总结，给婚姻生活来个意味深长的开头，给幸福生活留下永不磨灭的记忆。

爱情也会有摩擦，幽默一把让它消失于无形

俗话说得好：“相爱容易相处难。”恋爱如同共舞一支双人舞，再高超的舞者也免不了有踩脚的时候。犯错误是恋爱中很难避免的事情。那么，当恋人间的一方做错了事或有过失的时候，难免要给一个解释，这种时候，简短的幽默可省去一大段解释，也能避免对方没完没了的埋怨。

李小曼没有时间观念，跟男朋友约会常常会迟到半小时。

第一回，她进行了自我责备：“我迟到，我有罪，我罪该万死！”

第二回，她转守为攻地说：“我看是你的表拨快了半小时吧！”

第三回，她还是有理由：“我的表是按北京金秋时间，比夏令时慢半小时呀！”

每次她都有办法为自己狡辩，逗得男朋友对她又爱又恨。再一想，天底下有哪个女孩跟男友约会不迟到几次呢？于是，男朋友也就一笑了之。

李小曼靠着幽默解释了自己的过失，也得到了男友的原谅。但是，迟到终究是不妥的，恋人能够容忍，是因为有爱情的力量，所以大家还是谨慎一些运用吧。如今，“野蛮女友”是越来越多，这不仅体现了现代女性的个性化，更是现代男性包容女性的结果。可是，男人大多好面子、爱吹嘘，所以很容易出现面对女友“当面羊，背后狼”的情形。就像下面这位。

一个派对上，大家玩得非常尽兴，小王对小孙说：“听说你女友是个‘河东狮’？”

小孙为了面子只得跟朋友吹嘘：“哪里，她见了我像见了老虎一样！”

谁知这话被女友听到了，大骂道：“你说谁是老虎呢？”

他只好讨好地说：“我是老虎，你是武松呀！”女友被逗笑了，气也消了。

上面的小孙就是巧妙地运用了“武松打虎”的典故，安抚了盛怒中的女友。面对“野蛮女友”，你也可以试试这一招。在明确自己做错了的情况下，你不妨以幽默的方式跟你的恋人一起笑，笑你犯下的错误。当然，生活中的某些小错误是无法依靠一个简单的自嘲来弥补的，假如你惹得恋人生气了，又拉不下脸来道歉，应该怎么办呢?

一对恋人吵架了，女友气得转身就要走。小伙子一把抓住女友的手，把她拉到附近的餐厅里，温柔地说：“亲爱的，要走，先把饭吃了，你才有力气走；要吵，也得先吃饭，你才有精力跟我吵架啊。”

见男友这样来逗自己，女友也忍不住笑了。

小伙子的话不仅用幽默逗笑了女友，还传达出了深深的关爱之意，这样的幽默就像及时雨，使双方的矛盾隔阂很快消除。假如双方因为一时的矛盾已经僵了好几天了，又该如何破冰呢？下面这位小伙的做法倒有几分创意。

一个小伙子犯错惹怒了女友，女友连续好几天都不理他。小伙子只好将一袋女友爱吃的香蕉和一罐红豆放到女友家门口，并附上一张字条，上面写道：

红豆生南国，春来发几枝。

愿君多采撷，此物最相思。

送你一香蕉，愿解心头锁。

唯有一事求，请你原谅我。

红豆寄相思，香蕉表歉意。看到小伙子那么有才情的诗句，女友定会忘却心里的不快，回以莞尔一笑吧。

有一对情侣约会，小伙子迟到了，姑娘噘着嘴不高兴。小伙子见此情景微微一笑，然后，不慌不忙地走到姑娘身旁，对她说："我今天有一个重大发现。"姑娘不作声，用疑惑的眼神看了小伙子一眼。

小伙子赶忙上前一步，附在姑娘耳旁小声说："我告诉你一件事，请你保守秘密。我今天才知道——你是如此爱我。"

一句悄悄话，姑娘脸上立刻"多云转晴"，洋溢着幸福的微笑。

爱情是那样甜美，爱情之花需要用甜甜蜜蜜的话语来滋养。但甜言蜜语不能有虚夸成分，而应该是发自内心地爱慕、赞美和尊重对方的言谈。要想使甜甜的话语听上去婉转动听，就需要借助幽默的力量。

有一个姑娘问男朋友："你为什么一直送人造花给我？我更喜欢鲜花啊。"男朋友从容答道："亲爱的，这是因为鲜花很容易枯萎，它们总是在我等你的时候就枯萎了。"

"真的吗？你真的特别爱我吗？"姑娘不放心地追问。

"特别爱你。"

"那你愿意为我献出生命吗？"

男朋友捧住姑娘的脸，看着她的眼睛认真地说："亲爱的，我想这可不行。因为假如我死了，就没有人能像我这样来爱你了。"

姑娘一边高兴地抿嘴笑，一边嗔怒地捶打男朋友的胳膊。

跟心仪的对象交往，一定要善于使用幽默的谈吐，做到诚恳对人、热情大方、自尊自重，全方位展示自身良好的修养和人品，用心赢得异性的尊重和爱。就算遇上磕磕绊绊的事情，也能够用幽默来化干戈为玉帛。

有一个姑娘跟男朋友约会，迟到了半小时。当姑娘赶到时，小伙子正焦急地东张西望。姑娘不好意思地招了一下手，然后走过去解释："对不起，我又来晚了。不过，这次是有原因的，我的手表没电了。"

小伙子笑笑说："看来你应该换一块手表了，不然的话，下次约会我就可能换人了。"

假如两人的关系已经敲定，到了无话不谈的地步，这样幽默一下可能有不错的效果。但是，要是双方还比较生疏，那最好不要这么说话，否则，姑娘不仅不会考虑"换手表"，反而可能直接换一个男友。

总而言之，幽默谈吐是一种很好的爱意表达方式，运用好它，可以化解爱情中的小摩擦，在欢笑中传递浓浓的爱意。

最后，送给大家一句话，这是一位恋爱专家说的："只要怀着一颗热爱生活的心，有着一双善于观察生活的眼睛，珍惜几世修来的相知缘分，爱之幽默便会像喷泉一样不断地涌出。"

若是爱没了，分手时也不妨幽默以待

失恋对人造成的创伤非常严重。生活中，有些人在失恋后做出一些极端的事情，选择轻生的人不在少数，更严重的还会拿出刀枪，以死相威胁，听来让人不寒而栗。分手已成事实，你已经失去了爱情，这时请努力保全你的尊严，莫让自己输得一败涂地。

我们不能否认，失恋的确让人痛苦万分，特别在自己不想分手，而对方坚决提出分手的情况下，就更不容易释怀。这种分手的疼痛给人的感觉跟嘴里长了溃疡相差无几，越痛越想去舔，越舔却越感觉到痛。但是，无论如何你必须记住一点，失恋可以痛苦，可以难受，但千万不要让自己失态。我们可以失去爱情，但绝不能因此而在对方面前丢丑。

也许，被甩的瞬间让你觉得尴尬、觉得落魄，内心更是犹如万箭穿心一般，但不管怎样，都请你不要失了姿态。失意落魄不可怕，被甩、被背叛也不可怕，可怕的是你在对方面前失了尊严、失了面子，让对方暗自庆幸，觉得离开你是件正确的事情。所以，分手时请不要难过，大大方方地幽他一默，甭管是出于真心还是假意，都送上一句祝福，好聚好散，至少让彼此拥有一个美好的回忆。

李维萍的男友和李维萍相恋仅半年，就移情别恋，迷上了另外一个小女生。为了给李维萍留些颜面，他模仿辞职信的样式，给她写了封分手信，请辞“情人一职”。李维萍看到信非常难过，但男友是自己的属下，她不想因此失态。后来，李维萍写了这样一封回信：

您好！

关于您请辞的提议，经过董事会开会讨论，以下决议事项向您说明：

因您当初面试时的职务为情人，标准要求自然很高。尽管试用期间你的表现不佳差点被开除，但念在你苦苦哀求且信誓旦旦地说明自己能够改进与胜任，才予以留任。如今您自愿请辞，董事会当然应允，但自动离职是没有遣散费的。假如您愿意，马上将您调转朋友部门，另施重用。

董事会成员代敬上

李维萍是公司女董事，而男友偏偏是其下属，如果在分手一事上有什么失态行为，日后很难在公司树立领导威严。于是，她也用回复职员辞职信的方式，给男友写了一封回信，并大方地表示可以继续做朋友，以此减轻对方的心理压力。对待分手有如此的度量，实属难得。当然，这种分手幽默不是每个女孩子都施展自如的，但直接拿来效仿也未尝不可。就算你无法表现出李维萍的气度，至少让对方明白你有一颗努力坚强的心。

失恋之后，人的幽默反应一般不同。有一种是宽宏大度式的幽默，就像上面这位很有决断力的女董事李维萍，她能把“被甩”这件事等同于公司日常事务一样，大脑仍能冷静地保持正常运转，做出最合宜的反应，以寻求利益的最大化。当然，这很考验一个人的理性程度，假如你不够冷静，头脑运转又有些滞后，也可以尝试另外一种途径，以自嘲为自己解决困境。

除了宽宏大度式的幽默之外，就是略带报复意味的小幽默了，分手可以接受，但会想办法让对方知道点厉害。下面给大家举个例子。

王丽丽的男友爱上了别人，提出要跟她分手。王丽丽真诚地表示挽留，竟然被断然拒绝，而且男友一点儿情面都没给她留。几天后，王丽丽找了个借口约男友出来见面，然后大大方方地递给他一份包装精美的礼物，微笑着祝他幸福，然后潇洒地转身离开。

当然，给礼物时她要求前男友在自己离开后打开，因为那礼物是一本名为《自恋狂的自我检测》的书。

假如你觉得自恋狂之类的有些过火，也可以买本《坚决地和第三者说“NO”》《男人不该劈腿的N个理由》，等等。总之，书的名字最好有些讽刺意味。要是买不到称心如意的书，你也可以随便找本书，在封面贴张白纸，自己写个非常显眼且极具讽刺的书名。总之，你要让负心人在看到书名的一刹那，露出惊愕且负疚的表情。当然，这类幽默的恶作剧千万不能失了分寸，假如幽默过火变成人身攻击，可就会降低你的水准了。

相比较来说，创造后一种幽默要更容易得多，因为气场氛围比较贴近。只要你曾经认真投入一段感情中，分手后自然会心痛到极致，脑子里很容易产生报复的想法：“我就那么好欺负？我一定要给你点儿颜色瞧瞧！”如果被这种情绪所控制，创造“恶作剧式”幽默的概率必然会高一些。

假如想让自己活得快乐、活得洒脱，我们就要学会放下一些已经不属于自己的东西。在谈及“幸福的秘史”时，著名影星英格丽·褒曼就曾幽默地说：“幸福就是健康加上坏记性。”你我都免不了有失恋的经历，与其沉溺其中让自己太累，倒不如学着宽容一点儿、豁达一点儿、健忘一点儿，也许下一段幸福就在拐角处。

第十章 幽默是家庭调味剂，有它在家里永远欢声笑语

有幽默感的家庭，幸福会常伴左右

前不久，某大学社会学系经过抽样调查发现，在家庭生活中家庭成员的情感交流缺乏幽默感的现象非常普遍。在那些被调查的家庭中，妻子认为丈夫缺乏幽默感的约占61.7%，丈夫认为妻子少幽默的则占80.4%，而子女认为父母毫无幽默感的达88%。当然，存在这样的现象，是因为我国传统文化对夫妻角色、父母子女之间的规范阻碍了家庭幽默气氛的产生，而家庭空闲时间的缺乏，以及家庭成员情感交流形式的单调以及文化知识的水平限制等因素也使得幽默难以出现在家庭生活中。那么，一个幸福的家庭需要幽默感吗?

驾车外出途中，一对夫妻吵了一架，谁都不愿意先开口说话。最后，丈夫指着远处农庄里的一头驴说：“你和它有亲属关系吗？”妻子回答

说：“是的，夫妻关系。”

结婚多年，丈夫每次都需要被提醒才能想起来某些特殊的日子。在结婚25周年纪念日早上，坐在桌子前吃早餐的妻子暗示：“亲爱的，你意识到我们每天坐的这两把椅子已经用了25年吗？”丈夫放下报纸盯着妻子说：“哦，你想换一把椅子吗？”

在一个家庭中，夫妻吵架是一种普遍现象，上至伟人，下至普通人都会如此。假如在争吵之时即兴说一两句诙谐的话，那就会让原本难堪的场面变得温馨起来。我们常说“夫妻之间没有隔夜仇”，其实，在更多的时候，那是因为幽默的豁达消除了两人之间的隔阂。夫妻之间的小吵小闹反而会拉近彼此的距离，同时还可以将内心不满的情绪宣泄出去。假如在这时以幽默对之，再加上机智的调侃，那会使双方的心灵得到净化，从而使整个家庭更幸福。

墨菲定律也有这样一条：“妻子永远是正确的，如果妻子不正确，请参考第一条。”夫妻之间幽默的妙处在于可以恰到好处地表达自己怨而不怒的情绪。在这个过程中，有妻子对丈夫的抗议，也有丈夫对妻子缺点的抗议，而在幽默的问答中，不至于使对方恼羞成怒。可能是丈夫的无端猜忌，可能是妻子的唠叨，等等，这些矛盾同样有可能发生在我们每个家庭中，有时却往往因为两三句出言不逊的气话加剧了彼此的矛盾。

杰克的妻子临睡前的絮絮叨叨令他十分不快。一天夜里，妻子又唠叨了一阵之后，吻别杰克说：“家里的窗门都关上了吗？”杰克回答说：“亲爱的，除了你的话匣子外，该关的都关了。”

例如，妻子说：“每次我唱歌的时候，你为什么总要到阳台上去？”

丈夫回答说："我是想让大家都知道，不是我在打你。"

又如，新婚之夜，新郎问道："亲爱的，告诉我，在我之前，你有几个男朋友？"没想到换来一阵沉默，新郎想，生气了？过了片刻又问："你还在生气？"新娘笑着说："没有，我还在数呢。"

许多夫妻都有这样的经历，那些没有理由的争吵似乎经常发生，吵到最后，他们往往不知道自己为什么而吵架了。有时候两个人之间的冲突一旦发生就会因愤怒而失去理智，甚至闹得不可开交。我们经常看到，看上去文质彬彬的两个人，经常会因为一些小事情在家里大动肝火，双方好像都失去了理智，专门说对方的痛处，唇枪舌剑，互相伤害。俗话说："忍一时风平浪静，退一步海阔天空。"多说幽默的语言，少生气，不仅对身体有益处，而且还可以增进彼此之间的感情，何乐而不为呢？

有一位老板收到了一盆仙人球，秘书问他是不是太太送来的。老板回答说是的，并解释说他俩大吵了一架，她可能是把这送来以表歉意。老板让秘书把卡片上的话念出来给他听，原来，那上面用很大的红字写着："坐在上面。"

一个幸福的家庭是离不开幽默的，家庭生活最需要幽默，而且家庭也是练习幽默的最佳场所。在家庭幽默中，我们要把握怨而不恨的情绪，在嘲讽中带着尊重和包容，那就一定可以取得预期的效果。

家庭生活中的幽默对家庭成员的影响是很大的，它使生活充满了情趣，缓解了矛盾，使人们的生活更加和谐融洽。夫妻之间的幽默是一种有安全感的表现，这会令夫妻双方都感到满足和愉快；夫妻之间的幽默是一种人格成熟的表现，轻松而不狂喜，遇险而不惊慌失措。这样的幽默可以使双方渡过许多不顺心的困境，净化情绪气氛，消除郁积在内心的压力和紧张情绪，让家庭充满欢乐、温馨、和谐。

幽默能唤醒爱情的活力，使家庭朝高质量方向发展

爱是需要活力的，这种活力除了爱本身所具有的之外，还需要双方通过自身的努力去增强。在幽默中增强爱的活力是不错的选择，因为幽默能使尴尬的场面瞬间化解，能使吵架的夫妻重新和好，能使爱情永远保持新鲜。

所谓“一日夫妻百日恩”，夫妻之间大多不会刻意计较对方，也不会在意对方的借口是否恰当。所以，巧用一些听起来荒唐的幽默理由为自己辩解，要比一声不吭明智得多。

要知道，家不是讲理的地方，夫妻之间不需要过多的严肃、认真和正经的是非理论，反而是嘻嘻哈哈、胡说八道的歪理幽默必不可少。在多数幸福的家庭里，妻子或是丈夫恰恰是凭歪理、胡言的曲解幽默赢得了对方的欢心。

有一天，妻子嘟囔着对丈夫说：“你看看隔壁家的先生，每回出门都吻他的妻子，你就不能学学人家？”

丈夫说道：“当然可以呀！不过我现在和他家太太还不算太熟。”

妻子说：“那你还记得今天是我的生日吗，为什么不给我准备一个礼物呢？”

此时，丈夫才意识到自己的粗心大意，但是他立刻说出了一句漂亮的话："亲爱的老婆，我原本不打算让你想起自己又老了一岁的。"

虽然幽默诙谐的语言不足信，却能在一定程度上消解妻子的怨气。

家庭是男人与女人用爱情建立起来的，同时又要靠爱情来维系的栖息地。夫妻之间的是非恩怨，不是只靠某种道理就能讲清的，因此，夫妻之间的某些行为也就不能轻易地用是非对错来判断，此时，歪理往往能产生幽默效果，缓解矛盾。

其实夫妻间调节感情的办法非常多，只要两个人用心去对待，什么矛盾都会被轻易化解。尤其是幽默的运用，这不但能使气氛得到缓解，给人创造一种适合聆听的心境，而且能唤醒夫妻平时的默契，这种默契往往能很有效地消解矛盾。用幽默来处理夫妻间的矛盾不但效果明显，而且能让彼此间的感情更加深厚，特别是让感情保持新鲜，永葆活力。

傍晚，华灯初上，一对年轻的夫妻并肩在街上散步，只听妻子说得那么起劲，滔滔不绝，而丈夫却有点心不在焉，时时无话可答。猛然间他打断了妻子的话题："你知道你什么时候话最少？"妻子茫然地摇摇头。少顷，丈夫果断地说："二月份。""为什么？"妻子迫不及待地问道。"因为二月份只有二十八天嘛。"丈夫说完抿嘴一笑。妻子恍然大悟，笑着捶了丈夫一拳，反驳道："谁像你，白天说的话不如夜里梦话多哩。"

这样的幽默无疑为爱情又加了一层蜜，这样的爱情想没有活力都难。

有时候幽默的力量使用得十分温和，我们可能觉察不到它，但是它的确使爱人的心情愉悦，这无疑有助于爱情的升华。散文家张小娴说："两个人的结合，就像两首曲子交汇成一首，由于原先的曲调、节奏各不相同，所以需要两者的协调与合作，才能汇成一曲比原先任何一曲都好听的音乐，如果配合不当或失误，这首曲子一定比原先任何一曲都更糟糕。”所以这需要两个人恰当地运用幽默，使两首曲子得到完美结合，唤起爱情的活力，使家庭生活永远朝着健康、高质量的方向发展。

 幽默，让家庭永远沐浴在春风细雨中

社会是由无数个独立家庭组成的，而夫妻无疑就是家庭的核心，夫妻和谐则是家庭幸福美满的基础。因此，只有让每个家庭都处于健康和谐的状态，社会才会更加稳定、平和。夫妻之间相敬如宾、情意绵绵固然令人羡慕，但若能在此基础上再加上幽默的成分，那就会起到锦上添花的作用。夫妻生活中，妻子对丈夫的态度与方式，会直接影响到丈夫的生活态度、工作状态及自信心状况。难怪很多企业家会这样说：“假如我们想提升某个人，那么就会先调查他的妻子。”当然，这并不是说要调查他的妻子是否长得漂亮或会做菜，而是调查他的妻子是否能使其充满自信。

一些企业老板说：“妻子不仅要接受丈夫的一切，还要让丈夫的生活愉快，感到满足，且在丈夫回到家里时，替他装上自信的弹丸。这样一来，丈夫会想：‘她如此支持我，可见我在她心中是有一定地位的，并不是一文不值。’因此，妻子若能爱丈夫，且信任他，他就会有‘我一定能够做好一切’的自信，便能自信地接受任何挑战。”

一个能宽容自己丈夫的女人，也一定会倍加关爱丈夫。相反，假如妻子整天抱怨、唠叨，那她的丈夫就不会有斗志面对自己的工作与事业，还会因此失去自信心，并且随着自信和自尊的渐渐消逝，丈夫对待妻子的态

度也会趋于冷淡，甚至导致夫妻间发生情感危机。

其实，消除家庭紧张关系的方法有很多，幽默就是最好的选择。很多时候，幽默是缓解家庭矛盾的最好解药。

一对男女结婚多年，从没有发生过一点冲突。一天，妻子对丈夫说：“你怎么总对我那么好啊？”

丈夫回答：“和你结婚前，我曾请教过牧师，问他为什么对妻子那么好，他告诉我：‘不要去批评你妻子的缺点或是责怪她做错的事。你要知道，就因为她有缺点、会做错事，所以才没有找到更理想的丈夫。’对他的这句话，我始终牢记着。”

丈夫所引用的话，意思就是说，要想成为妻子的理想丈夫，就不能随意地去批评妻子，这样夫妻之间才会恩爱有加。

现如今，夫妻两人都有自己的事业与社交活动，且很可能都处于独立的状态，因而谁来做家庭的主导者就成为日益突出的矛盾，而这个矛盾会使彼此心灵之间的距离愈来愈远。但是，想解决它并不难，只要运用幽默，就能起到特殊的效果。

A：“你在公司都负责什么事啊？”

B：“在公司我是头。”

A：“这我倒是相信的，那你在家里呢？”

B：“当然也是头。”

A：“那你夫人呢？”

B：“她啊，她是脖子。”

A：“为什么呢？”

B：“因为头要想转动，得听脖子的。”

如此巧妙的回答，不仅能令人捧腹大笑，同时也间接地暗示出他对婚姻的满意。因此，人的精神状态好坏对发挥幽默是十分重要的。

当妻子因丈夫的某些不良行为而大发雷霆的时候，丈夫可以运用巧妙的幽默将这场暴风雨化解于无形，从而确保夫妻之间的良好关系。

有个酒鬼在外面喝多了酒，很晚才回家，但他忘了带钥匙，无奈之时，只得敲门。

妻子怒火冲冲地打开门说：“抱歉，我的丈夫不在家。”

“那好吧，我明天再来。”

话说完，酒鬼装出转身要走的样子。妻子嗔怪一声，就把酒鬼丈夫拉进了屋。

此时，丈夫的幽默让妻子化怒为笑，由此诱发出妻子内心深处对丈夫的怜爱与尊重。这样，夫妻两人就不会再抓住喝酒的事不放，而是去享受彼此之间的幽默情感。

有对夫妻吵架，妻子哭着喊着要和丈夫离婚。去法院的路上，他们要经过一条小河。到了小河边，丈夫快速脱下鞋子走到水中。妻子却一动不动地站在岸边，看着冰冷的河水，正愁怎么过去。此时丈夫回过头体贴地对妻子说：“我还是背你过去吧。”

丈夫背妻子过了河。没走多远，妻子说道：“算了，咱们还是回去吧！”

丈夫十分诧异：“为什么啊？”

妻子低着头说："离婚回来，谁背我过河啊？"

通常在家庭中，妻子总会承担大部分的家务劳动，似乎这些都是妻子分内应该做的事。但话又说回来，丈夫也是家庭中的一分子，理应分担一些家务，可由于传统观念的影响，有的丈夫在家是什么都不做的，此时聪明的妻子就可以用智慧与幽默使其毫无怨言地加入家庭劳动之中。来看下例。

妻子说："老公，你能把昨晚换下来的衣服洗洗吗？"

丈夫说："不行，我还没有睡醒呢！"

妻子说："其实，我只不过是想考验一下你，衣服早都洗完了。"

丈夫说："其实，我也不过是和你开个玩笑，我非常愿意帮你洗衣服。"

妻子说："呵呵，我也是和你开玩笑的，既然你那么愿意，那现在就请你赶快洗去吧！"

而此时，丈夫就不得不佩服、欣赏妻子的幽默与情趣，从而高高兴兴地去干原本不愿意干的家务。

当然，假如妻子已经把衣服洗了，那幽默感就会更强，丈夫会因此而受到感动，往往会主动帮妻子做家务，这次事件带来的不仅不是烦恼，反而会是一种快乐。

夫妻间的任何一方，若能用这种幽默的语言、行动与态度来对待家庭中的另一个人，就会使你的家庭远离无休止的争吵，远离沉闷压抑的冷战和空穴来风的猜忌。它就好比是家庭生活中的润滑剂，能让家庭永远沐浴在春风细雨中，从而使夫妻间的关系更加和谐美好。

“柴米油盐”不是琐事，它们也是幽默的素材

一个男人和一个女人从相识相爱到共同步入婚姻殿堂，从互不相识到结婚生子的这一阶段，通常是两个人一生中最为甜蜜和充满激情的时期。一对恋人步入婚姻之后，由于成长环境和生活背景的差异，由于社会流行的个性化思维方式，由于锅碗瓢盆、柴米油盐等家庭琐事，往往会使婚后生活越来越平淡乏味，跟恋爱时的浪漫激情产生巨大的反差。

其实，那些不过是表面的现象，其内在的根本原因在于夫妻双方的心态都发生了变化，由于彼此之间过于熟悉而使得生活失去了新鲜的味道。假如夫妻双方能改变心态，用心观察生活，那么生活中柴米油盐之事皆可成为幽默的素材，给婚姻生活增添数不完的新鲜感。

家庭生活不可能离开厨房，而厨房里的不少事物都可以引发幽默。下面就是几个跟厨房有关的幽默故事。

丈夫问妻子：“结婚纪念日咱们去哪儿呢？”

妻子回答：“去我没去过的地方怎么样？”

丈夫说：“那就去一次厨房吧。”

家庭生活中，有些不经常发生的特殊事情也能引发幽默。

有一天，妻子指着自己怀孕数月的肚子，问了丈夫一个很难回答的问题：“能不能在宝宝一出生时就看出孩子长大后会成为什么样子？”

丈夫思考了一会儿，答道：“这很简单。假如是个小女孩，长大肯定是个漂亮小姐；假如是个小男孩，长大就是一个帅哥。”

这里丈夫巧妙地将妻子问的问题转移到男女性别上来，将伤脑筋的问题转化为一个能轻松回答的问题，既回答了妻子的问题，又逗得妻子莞尔一笑。

在日常生活里，男人大多喜欢看体育节目，可女人一般不喜欢看，如何让妻子陪自己看足球呢？下面我们就看看这位先生是怎样利用足球来制造幽默的。

有一对年轻的夫妇，丈夫爱看球赛，妻子喜欢看电视连续剧，可是家里只有一台电视，所以要达成共识并不容易，多数情况都是丈夫主动做出让步。

不过，这位丈夫还挺机智，平常一有机会，他就向妻子宣传体育知识，聊聊球赛趣闻。久而久之，妻子的兴趣也就被他调动起来了，偶尔也跟他一起观看体育比赛，真是夫唱妇随。

又到了四年一届的世界杯足球赛，妻子整个人都被精彩的比赛吸引了，这时，丈夫才煞有介事地对妻子说："看你现在的高兴劲儿，我想起了一句老话。"

"什么话？"

"知足常乐！"

"为什么会想起这句话呢？"

"知足常乐嘛，就是知道足球以后，就常常乐了呗！"

丈夫的调侃多么富有情趣啊，这样的生活才称得上琴瑟和谐，才是永葆新鲜的相处之道。当然，夫妻间的幽默随处可拾，生活中的很多事物都可以为两人增添情致。

总之，千万不要因生活中的琐事而烦恼，也不要抱怨婚姻生活充满了柴米油盐之类的事情，并因此而不再浪漫鲜活。生活处处都是幽默，关键是你有一双怎样的眼睛。

请运用你的幽默感，充分调动你的创造力和想象力，婚姻生活中的柴米油盐都可以成为我们的幽默素材。只要你这样有意识地去培养和运用，你就可以为你的另一半带来更多快乐，为你的家庭生活增添几分新鲜感。

教育孩子，往往笑话比说教更有效

在家庭教育中，什么样的方法是最有效的呢？当然是最适合孩子的教育方式，孩子天性喜欢玩耍，他们喜欢轻松、娱乐的教育方式，如果父母的教育既是快乐的，又能启发自己，那他们是乐于接受的。当然，他们最讨厌的就是枯燥的说教，这只会令他们心生反感。因此，作为家长，需要以幽默的语言教育孩子，以娱乐教学为主，这样不管是对于营造家庭氛围，还是对孩子的教育本身，都是最好的方式。

米哈伊尔的小儿子舒拉很调皮。一次，为了吸引家人对他的关注，他居然一口气喝了半瓶墨水。这时家里人都急坏了，墨水进了肚子，那可怎么办？米哈伊尔的母亲赶忙给医院打求救电话。

这时，米哈伊尔从外面回来了，当看到这种状况时，他并没有慌张，而是平静地问儿子：“你真的喝了墨水？”舒拉一脸得意地把带墨水的舌头伸出来，还做了个鬼脸。米哈伊尔转身去屋里拿出一沓吸墨纸来，对儿子说："这是吸墨纸，不让墨水留在肚子里，你把它们嚼碎了吃下去吧。"一下子，舒拉就成了霜打的茄子——蔫了，再也得意不起来了。

于是，一场虚惊就这样在家人的嬉笑声中结束了。从那以后，舒拉再也没有做过这类强出风头的傻事了。

米哈伊尔心里很清楚，墨水不至于让舒拉中毒，所以他就通过这次机会好好地教育一下儿子。米哈伊尔的幽默教育不仅让儿子认识到了自己的错误，而且还让他长了记性，从此再也不敢做类似的傻事了，实在高明。

遇到像舒拉这样调皮的孩子，家长们总是倍感头疼，而且经常对家里的调皮鬼无可奈何。在这种情况下，假如我们能利用合适的时机逗他一下，可能会在教育上收到事半功倍的效果。牛牛就是这样学乖的。

牛牛今年刚上幼儿园中班。这一天，妈妈送他到教室门口时，牛牛使劲抓住门框，不管怎样就是不肯进去。这时，他的班主任胡老师走过来，笑着对他说："我就知道牛牛最喜欢咱们这教室门框了！摸久了，门框会害羞呢，快进来吧。"

听了老师的这一句话，牛牛高兴了，笑嘻嘻地走到了自己的座位上。

胡老师的幽默话语不仅把想撒娇而又未能撒娇的牛牛给逗乐了，而且还让他乖乖地走进教室去学习。胡老师这种幽默的教育方式是值得我们每个家长学习的。

父母对孩子既不能过于溺爱，又不可以过于强硬。在教育孩子的过程中，家长应多使用一些幽默的方式，因为这样不仅可以让孩子在愉快中学到东西，而且还能让孩子养成活泼开朗的性格，给家庭生活增添更多的乐趣。

梁启超是近代史上的一位巨人，他的聪慧早在幼年时期就已表现出来，而这正是得益于父亲对他的正确教育。

梁启超10岁时，一天，随父亲到朋友家去做客。刚进院里，他就偷偷将一枝蓓蕾初绽的杏枝折下，掩在宽大的袖袍里。没想到他的这一举动正巧被父亲和朋友的家人看见。父亲虽平时教子甚严，此时却不便当面指责。之后的酒筵上，父亲总为儿子的这件事惴惴不安，并不动声色地暗示儿子。梁父当众说："开宴之前，我先出对联，若谁能对出下联，方可举杯畅饮，要不就只能为长辈斟酒沏茶，不准落座。"梁父略加思索后，做出上联："袖里笼花，小子暗藏春色。"顿时，梁启超心中一凉，有所领悟，但他也并未失色，随口就对出下联："堂前悬镜，大人明察秋毫。"

父亲面对儿子的不雅之举，不是当面点破，而是采取了文雅、含蓄的方式来对其进行批评。此举可说是一箭三雕：既暗示出批评，又不让孩子当众出丑，同时还显示了严格的家教。

当然，我们不能要求每位父母都像梁父一样饱读诗书，但有一点不难做到：用幽默的态度、方式对待孩子，并帮助他们克服自身的缺点，使错误得以改正。

长辈不等于威严，该说笑就别端着

父母总是喜欢孩子的，无论孩子成就多大、本领多强，负责任的父母若一旦发现苗头不对，都应该及时指出。

一个企业家得到过各种国际大奖，在他的事业达到巅峰的时候，有一天陪同其母亲到一家五星级的饭店用餐。现场有一位技艺高超的萨克斯手正在为大家演奏。

企业家聆赏之余，想起当年自己也曾学过萨克斯，而且几乎为之疯狂，便对母亲说："做企业没劲透了！假如当初我好好学萨克斯的话，现在也许就可以在这儿演奏了。"

"是呀，孩子，"她的母亲说，"不过如果那样的话，你现在很有可能就不会在这里用餐了。"

在现代家庭中，很多年轻的夫妻都习惯将孩子交给爷爷、奶奶，或是外公、外婆来带。这时，长辈对晚辈的一些不好直接言说之事，就可以使用幽默来应对。

有一位老人有4个孙儿女，孩子们经常被送来交给她照管。

她对儿子和儿媳说："孙儿们在我这里，会带给我双重的快乐！"

儿媳问："怎么说呢？"

老人说："他们来时，我很高兴；他们走时，我也很高兴。"

这位老人用幽默、含蓄的方式表达了她对儿子、儿媳不照看孩子，而是总将孩子交给她来照管的不满。

在家庭成员的角色中，岳母往往会被塑造成某一种刻板类型，她们自己也很清楚这一点。

有一个女人，她的女儿刚刚结婚不久，且是嫁到外地。有人问她：“你不去看看女儿和女婿吗？”

她幽默地答道：“现在不去，我想等他们生了小宝宝以后再去。因为我觉得祖母要比岳母更受欢迎！”

她将自己的想法幽默地表达了出来。要想营造两代人之间和谐融洽的关系，首先就要加强彼此间的情感交流。然而，一些做父母的为了在子女面前保持威严的形象，总是表现得不苟言笑，更不用说对子女表达自己的爱意了。长辈对晚辈除了运用平和的幽默方式，还可运用一种“打是亲、骂是爱”的幽默方式。来看下例。

科卡在里海大学读书时，是800多名毕业生中的第11名，毕业之后又被送去攻读硕士生，并如愿以偿地去了福特公司。为此，他父亲十分高兴，说道：“你在学校读了17年的书，如今，考不上第一名的笨蛋，现在是何种情况？”

父亲在笑骂中表现出自己对儿子如今的表现与成就的满意和自豪，且对儿子的未来充满了信心。

其实，父母对子女运用幽默的机会有很多，关键就在于要有一种平等的观念与态度。尽管父母对孩子拥有监护权，有责任和义务去管教，但关键是要让孩子明白事理。要知道，打骂、训斥不仅达不到教育目的，还会伤害子女的自尊，使其产生逆反情绪，这样就更不利于子女的成长与发展。此时，可运用幽默的方式对其进行教育。请看看下面的事例。

有一家人在吃饭时，儿子感慨地说：“外国人就是比中国人文明，用餐就能体现出来。看人家外国人用的都是金属刀叉，而我们中国人用的却是两根竹筷子，这明显是缺少分量。”

父亲听后很生气，但他并没有发火，说道：“这个问题很好解决。”

随后，父亲拿起夹炭用的火钳，塞给儿子说：“那你用这个吃吧，也是金属的，分量也肯定够！”

这位父亲并没有直接训斥儿子崇洋媚外，而是巧用幽默来对儿子进行委婉的批评，从而使其更易于接受。

有时，长辈对晚辈的幽默还会带有溺爱色彩。例如，山东一带的长辈总习惯这样和男青年开玩笑——“长大了，给你找一个小脚大耳朵的婆娘”，实际上“小脚大耳朵”指的就是猪。四川一带孩子的长辈会对小子说——“等你长大了，给你讨个漂亮的老婆，西瓜脑袋蒜瓣脚”，这指的就是猫。但不管是通过怎样的方式，长辈对晚辈的幽默都应表达出一种深切的爱。

别把婆婆当冤家，你和她始终是一家人

在家庭关系当中，婆媳关系是最难处理的一种，作为男人最亲密的两个女人，潜意识里往往有一种“争抢”的心理，相处起来很难。当然，作为儿媳，如果平时嘴巴甜一点，说话幽默一点，乖巧一点，更容易得到婆婆的疼爱，起码也能得到丈夫的理解和尊重。没有人不喜欢别人的夸奖，对于她儿子的夸奖，更是对做母亲的最好、最直接的恭维，当然，这样的

夸奖是需要融入风趣的语言的。在婆婆面前，多说老公的好话：“小刚特别知道上进，特别有出息，现在已经是部门经理了，我现在走出去都带风，可得好好感谢感谢您！”不过，也可以说点风趣的话，说说老公的小坏，“妈您看他，也不让着我点，今天终于让我找着靠山了，看你在妈面前还敢欺负我！”这样略带幽默的小撒娇，往往更能让婆婆感觉到你女儿般的娇憨和对她的依赖，你们之间的关系也会更加亲密。

与婆婆聊天，我们不要那么紧张，放松自己，多运用幽默的语言，多与婆婆拉拉家常，说说她儿子、她孙子孙女的事情，老年人会更高兴。老年人社会交际较少，消息也比较闭塞，她们感兴趣的话题往往围绕着自己的身边人，尤其对她的两个“小心肝”，更是一刻放心不下。如果是一个较开朗的婆婆，她往往还会对街头趣事、电影情节、毛线花色、衣服式样、老年娱乐活动等感兴趣，如果能找到对方喜欢的话题，和她常常聊聊天，也能让你们之间的关系更融洽、更亲密。

在《红楼梦》里，凤姐可以说是一个幽默而聪明的女人，我们来看看她是如何讨婆婆欢心的。

贾母曾说起自己年轻时摔过一跤，鬓角上那指头顶大一块窝儿，按说，这是贾母的身体缺陷，一般人是不敢拿这个说笑的，凤姐却能够化腐朽为神奇：“那时要活不得，如今这大福可叫谁享呢！可知老祖宗从小儿的福寿就不小，神差鬼使碰出那个窝儿来，好盛福寿的，寿星老儿头上原是一个窝儿，因为万福万寿盛满了，所以倒凸高出些来了。”说得贾母十分高兴。

有一次玩牌，凤姐通过鸳鸯的暗示，早已知道贾母需要什么牌，却先装模作样地算计一番，然后把那牌打出去，然后赶紧往回抢，说“我出错了”，一是继续装腔，使戏演得更加真实，二是提醒贾母，你要的牌来了。果然，贾母赶紧说：“你敢拿回去！”赢得非常高兴。凤姐还假装抱怨了半天。可见要想哄人高兴，就要想方设法地使人觉得自己比谁都聪明，最大限度地满足人的虚荣心。宝钗说："凤丫头凭她怎么巧，巧不过老太太去。"这一半是宝钗讨好人的手法，另一半也是凤姐装出来的。

揣摩婆婆的心思，对儿媳而言也非常重要，只要把婆媳关系搞好了，整个家庭就会幸福了。其实，婆婆需要哄，人人都喜欢听溢美之词，婆婆听了自然也会高兴。只要儿媳平常能有意识地这样做，婆媳关系也会变得越来越和谐。

老人经常说的一句话叫作"生在新中国，长在红旗下"，吃苦耐劳、勤俭节约、团结友爱以及牺牲精神，也可以概括为"雷锋精神"，这些品格几乎是我们的父辈这一代人共同的时代品格，具有时代的烙印。

而作为儿媳的80后，是长在改革开放的时期，吃的穿的都不发愁了。受到了更多的教育，我们这一代和老一代的差距是不言而喻的。

有这样一个故事。

身为数学老师的婆婆喜欢讲一个"省"字，省水、省电、省钱、省粮食，因为她不爱浪费，喜欢节省，所以她有一个外号——"省长"，这还是儿子给她起的。儿子跟他媳妇说："我妈是'省长'，我妈到咱家之后，一定会处处节省的。"未雨绸缪，做丈夫的还没等母亲驾临，就先给媳妇打一个预防针，以免产生矛盾。

"省长"母亲和她的丈夫来到儿子家以后，矛盾真的发生了，但是，儿媳是一个聪明的女人，来了一个软着陆。

有一天，婆婆对儿媳说："窗帘脏了，地也脏了，咱们一家人彻底做一次大扫除。"

儿媳在公司里忙了一周，双休日好不容易可以放松一下，她可不想把自己变成打扫卫生的“灰姑娘”。

于是，她赶紧跟婆婆说：“妈，我来打扫卫生，您去超市看看有什么便宜货没有。”

婆婆很高兴地走了，媳妇赶紧叫小时工来把一切都打扫好，最后把窗帘拿下，让小时工送到洗衣店，婆婆回来一看收拾得这么干净，惊讶地说：“我刚出去了一会儿，你怎么收拾得这么干净？”

儿媳实话实说：“刚才我请了一个小时工。”

婆婆一听就急了：“年轻人，真是败家，我这一走，你又浪费了这么多钱。”

儿媳摸透了婆婆的心思，她说：“妈，我给你讲一讲，人家那些小时工，有的是下岗工人，有的是来城里的打工妹，有的是家里比较困难的，还有勤工俭学的女学生，这些人挺困难的。我们现在不困难，可以请他们做做。如果不让别人做，人家没有生意了，吃什么，请人家做事，也算帮助她们了。”

婆婆一听也有道理，看婆婆不反对，儿媳赶紧说：“妈，你平常不总是捐钱吗？这也算是儿媳替你做了善事，好不好啊？”这样一来，婆媳之间不但没有产生矛盾，关系反而更加融洽了。

可是，如果儿媳摸不透婆婆的心思，见婆婆反对请小时工，她说：“别那么抠，您干吗呀，那么大岁数了。”

同样的一个意思，但是这样的话就非常难听，惹得婆婆不高兴：“你怎么训我，我还轮不到你训呢。”如此这样一来，婆媳之间的矛盾就会不可避免地爆发，所以，摸透婆婆的心思很重要。

往往婆媳都有一种误区，认为进了一家门，都是一家人了，随随便便地说话也没有什么，尤其是性格爽朗的老人更是随便，觉得不必讲究。

实际上，世间万物中，人最复杂，如果我们有好的理念，心里想的就是要把人际关系搞好，我们就会有很多方法处理。如果我们是很随便地待人接物、说话，脑子里没有这个思想，就会产生很多不同的说话方式，引起很多不必要的矛盾。

世界上没有一百分的婆婆，也没有一百分的儿媳。假如婆婆是50分，儿媳也是50分，那么我们可以做一个加减法，如果合在一起，加起来就是百分百的婆媳关系；如果减没了，关系也就彻底终结了。我们要明白这种加减法，婆媳之间如果互相指责，就是在做减法，今天减一分，明天减一分，家庭的甜蜜就这样一点一滴地被减掉了。如果婆媳之间互相理解和善待，就像是做加法，幸福家庭也就是这么一点一点被建立起来的。

在家里，婆婆如果年事已高，身体不好，就要对对方多一些关怀或体贴，忙的时候打个电话，问候一下，闲的时候，常和老公回家，问问公婆的身体，和他们讨论一下健身和保健品的话题，多提醒对方注意保暖、注意休息之类的，婆婆的心里也会热乎乎的。平时多体贴一下："妈，今天我做饭，您也放一天假歇一歇""您有老寒腿，爸风湿也不舒服，这两天你们别出门了，有什么事让我和东子帮您跑腿。"几句诙谐的话说了，在感激之余，你们的关系就更加亲近。总之，只要用心经营，言语之间少一些生疏冷漠和怠慢，多一些体贴和关爱，婆媳之间的关系也可以处得很好。

幽默的力量能驱散烦恼，给家庭带来温馨与幸福

在任何时候，幽默都是一种才华、一种智慧、一种力量，更是烦闷生

活的调剂品。而对于每一个温馨家庭来说，也是必不可少的和谐剂，因为它以愉悦的方式表达了真诚大方，使本来安静的生活充满了激情，使本来平淡的日子焕发出不一样的色彩。老舍先生也忍不住赞赏："幽默者的心是热的。"在彼此组成的家庭里面，有的人发现相爱容易相处却很难，日常生活中常常因为一点小事就批评责备对方。此时，如果能以幽默诙谐的语言来代替责备，那么不仅可以准确地传达你所想表达的意思，还更容易让对方愉快地接受你的建议。有人抱怨家里整日战火不断，但究其原因都是一些鸡毛蒜皮的事情，它们就像是导火线，一旦被触发就引来了一系列的冲突和矛盾，也破坏了原本深厚的夫妻感情。

因此，那些富有幽默感的人的家庭就显得格外和睦，幽默在无形中增进了你与对方家人的关系，改变你自己，帮助你战胜来自人生的种种压力，还可以使对方更加喜欢你、信任你。幽默，让家里变得更加和谐温馨，在愉悦的家庭氛围中，彼此更容易发现幸福生活的美好，也更容易获得家庭的幸福。因此，在家庭生活中，舍弃那些冷冰冰的笑容、客气的语言，以幽默来取而代之，你就会发现幸福是一件多么容易的事情。

莎士比亚说："幽默和风趣是智慧的闪现。"生活如果离开了幽默，就会少很多的欢乐。在餐桌上，每一道菜肴都需要调味品才会显得更美味，这就如同每一个家庭都需要幽默这样的和谐剂才会更加温馨快乐。对于每一对夫妻来说，幽默是一个不可缺少的重要内容。实际上，幽默可被称之为表现两个人之间和睦的工具，那本难念的经也会变成美妙的和谐曲。

有一对夫妻，他们喜欢用幽默来代替一切责备或者争吵。刚结婚的时候，两人因为琐事而争吵了起来，太太忍不住叫了起来："我要跟你吹了。我要去收拾东西，离开这里去母亲那里。""很好，亲爱的，车费在这里。”先生拿来车费，太太接过钱，突然说：“我回来的路费怎么办？”两人“扑哧”一笑，化解了争执。

先生每天出门工作之前都有喝牛奶的习惯。有一次，太太因为忙于作，连续三天早上都忘记了给先生出门前准备一杯牛奶。先生也不作声，也不责备，照样还是认真地出去工作，一直到第四天早上，她才想起来，愧疚地向先生道歉，他先生也幽默地说：“我想忘记一天也是情有可原的，连着三天都忘记，我以为你要给我‘断奶’呢。”妻子听后哈哈大笑，事情就解决了。

幽默是家庭生活的和谐剂，它轻松地驱散了天空中的阴霾，给紧张的家庭生活带来和谐温馨。当生活中多了一些幽默感，我们就会在愉悦的家庭气氛中忘记生活的紧张和压力，忽略之前所存在的种种争执。幽默是人生的润滑剂，两个人在日常生活中若是恰到好处地使用幽默这一法宝，不仅可以活跃家庭气氛，增加生活乐趣，还可以拉近彼此之间的感情距离，促进家庭和谐。所以，舍弃那些直接的批评、冷淡的语言，选择使用幽默的语言，用幽默的力量来驱散烦恼，给家庭带来温馨与幸福。

小儿子凯文问：“爸爸，阿尔卑斯山在哪里？”父亲回答道：“去问你妈，她把什么东西都藏起来了。”听着这诙谐的对话，你一定可以想象出家里的欢声笑语。如果家庭成员多了几分幽默感，那么无形之中就多了一些快乐，少了一些烦恼；多了一些轻松，少了一些摩擦。也许，就是那看似一个逼真的笑容、无奈的耸肩、滑稽的表情、自嘲的话语、讥讽的变调等，它们都作为幽默的一种方式爆发出巨大的力量。那时候，彼此之间再也感觉不到剑拔弩张，再也没有战火，只有温馨和谐幸福。因为在很多时候，与直接提出意见相比，幽默更具有亲和力，也更容易让人愉快地接受。